C.H.BECK WISSEN
in der Beck'schen Reihe

Die Geschichte der deutschsprachigen Lyrik beginnt im 10. Jahrhundert mit kurzen Texten für den Gebrauch: mit dem Petruslied und den Merseburger Zaubersprüchen. Von hier spannt sich ein weiter Bogen bis zur Gegenwart: über die hinreißenden und witzigen Liebesgedichte des Hochmittelalters, über die Sonette, in denen Andreas Gryphius um eine Ordnung der Welt ringt bis zu Klopstocks freien Rhythmen, in denen er ein neues Lebensgefühl feiert; von Goethes zahlreichen, in ihrer Fülle kaum glaublichen Formen der Ich-Aussprache über Hölderlins prophetische Rede bis zu Heines ironischen Scherzen; von Droste-Hülshoffs schmerzhaft-genauem Blick über Georges Machtsprüche und seine traurigen Lieder bis zu Benns Aufschwüngen und Lakonien; von Celans magischen Klängen über Enzensbergers Furor bis zu Rühmkorfs schönen Melancholien.

Immer wieder wird in den Gedichten um ein Selbstverständnis gerungen, um die Frage, wie sich der einzelne Mensch in der ihn umgebenden Welt beschreiben und bestimmen kann; was gibt ihm Halt, wovon wendet er sich ab, was glaubt, und woran zweifelt er? Dabei entstehen ganz verschiedene Gedichttypen und höchst unterschiedliche Rhythmen. Diese Formen sind kein Zufall, sondern stehen in einem Verhältnis zur historischen Situation, aus der sie hervorgehen, verkörpern eine Weltdeutung. Die Geschichte der deutschen Lyrik als Zusammenhang darzustellen und gleichzeitig die Besonderheit ihrer vielen Stimmen zu entdecken – das ist Aufgabe dieses Buches.

Dirk von Petersdorff lehrt als Privatdozent für Germanistik an der Universität Saarbrücken. Für seine literarischen Werke erhielt er den Preis der Friedrich-Hebbel-Stiftung 1993 und den Kleist-Preis 1998.

Dirk von Petersdorff

GESCHICHTE DER DEUTSCHEN LYRIK

Verlag C. H. Beck

Originalausgabe

Gesamtherstellung: Druckerei C. H. Beck, Nördlingen
Umschlagmotiv: Goethe «An den Mond»,
eigenhändige Handschrift, Goethe- und Schiller-Archiv,
GSA 25/W 1 S 50–52, Klassik Stiftung Weimar
Umschlagentwurf: Uwe Göbel, München
Printed in Germany
ISBN 978 3 406 53634 2

www.beck.de

Inhalt

Einleitung

In diesem Buch geht es um Lyrik: also um literarische Texte, die aus Versen bestehen. Es geht um deutsche Lyrik: das heißt um Gedichte, die unabhängig von der Herkunft ihres Verfassers in deutscher Sprache geschrieben worden sind. Und es geht um die Geschichte dieser deutschen Lyrik, womit vorausgesetzt wird, dass sich die Abfolge der Gedichte vom frühen Mittelalter bis zur Gegenwart als Zusammenhang darstellen lässt.

Alle drei Punkte müssen erläutert werden. Wenn man die Lyrik als Rede in Versen bezeichnet, dann mag das heute als Abgrenzung zum Drama und zur Prosa leicht einsichtig erscheinen. Unter Versen versteht man eine besondere Gliederung der Sprache. «Wenn auf einer Seite um das Gedruckte herum viel weißer Raum ist, dann haben wir es gewiß mit Versen zu tun», heißt es in der klassischen «Kleinen deutschen Versschule» von Wolfgang Kayser. Heute würden wir sagen, dass sich die Versrede durch zusätzliche Pausen oder Zeilenbrüche von der normalen rhythmischen oder graphischen Form der Sprache abhebt. Zur Unterscheidung vom Drama und von der Prosa genügt das aber noch nicht. Lange Zeit bestanden dramatische Texte ebenfalls aus Versen, gab es auch Verserzählungen. Etwas genauer müsste es also heißen: Texte in Versen, die nicht auf szenische Aufführbarkeit hin angelegt sind und die keinen Handlungszusammenhang enthalten, sind Gedichte. Probleme gibt es dann mit der lyrischen Untergattung der Ballade, die eine Geschichte erzählt und meistens auch dramatische Dialoge enthält, aber die Ballade ist nicht zufällig immer als Grenzfall angesehen worden.

Daneben gibt es weitere Merkmale, die nicht unbedingt zu einer strengen Definition der Lyrik taugen, aber sich aus der Lyrikgeschichte ableiten lassen; sie treffen zumindest auf eine sehr große Zahl von Gedichten zu. Rein äußerlich ist dies die Kürze:

Lyrische Texte sind in aller Regel kürzer als dramatische und epische. Interessanter und wichtiger ist die Nähe der Lyrik zur Musik. Der Begriff der Lyrik geht auf die griechische ‹lyra›, ein Saiteninstrument, zurück. In der europäischen wie in anderen Kulturen war die Lyrik über lange Zeit an den Gesang gebunden, trug man sie mit Instrumentbegleitung vor. Wenn dies in der Moderne anders erscheint, könnte das auch an einer Blickverengung liegen. Zwar wird in Gedichtbänden überwiegend Leselyrik veröffentlicht, aber das alte Volkslied lebt in der Popmusik weiter, und ein fahrender Sänger wie Bob Dylan ist ein Lyriker im engen Sinn des Wortes.

Weiterhin lässt sich sagen, dass die Sprache der Lyrik von der Alltagssprache abweicht. Sie kann in verschiedener Weise rhythmisiert sein, sie unterscheidet sich manchmal von der gebräuchlichen Syntax, sie bedient sich oft bildlicher Rede. Sie ist insgesamt besonders stark geformt; der Autor legt ein großes Gewicht auf die Struktur der Sprache, nicht nur auf ihren Mitteilungswert. Allerdings sollte man dieses Merkmal der Abweichung von der Alltagssprache auch nicht zu stark betonen. Dass Gedichte mit Normen brechen, ‹verfremden›, nicht auf Kommunikation angelegt sind – das sind Vorstellungen einer bestimmten Phase der Lyrikgeschichte, des späten 19. und 20. Jahrhunderts, die nicht zum Gattungsgesetz erklärt werden können.

Schließlich gibt es ein Merkmal der Lyrik, das schon in der Antike von Platon genannt wurde und in der Gattungstheorie seit dem 18. Jahrhundert eine besondere Rolle gespielt hat. Danach ist Lyrik Ausdruck von Subjektivität; in ihr spricht sich der einzelne Mensch aus, beschreibt und deutet seine Situation. Zusammengefasst ist diese Bestimmung in den «Ästhetik»-Vorlesungen des Philosophen Georg Wilhelm Friedrich Hegel (1770–1831). Er schreibt dort, dass sich der menschliche Geist in der Lyrik von der «Objektivität» der Gegenstände abwende und «in sich selber» schaue. Statt für die «äußere Realität der Sache» interessiere er sich für «die Gegenwart und Wirklichkeit derselben im *subjektiven* Gemüt, in der Erfahrung des Herzens und Reflexion der Vorstellung». Die Lyrik folge damit einem

Grundbedürfnis des Menschen, der eben auch «den Gehalt und die Tätigkeit des innerlichen Lebens» darstellen möchte.

Gegen diese Beschreibung der Lyrik hat es Einwände gegeben. Sie lege Lyrik auf die Darstellung von Erlebnissen fest (‹Erlebnislyrik›), sie grenze die politische Lyrik aus und sie sei nicht in der Lage, die Lyrik der Moderne zu erfassen. Diese zeichne sich nach einem berühmten Buch des Romanisten Hugo Friedrich (1904–1978, «Die Struktur der modernen Lyrik») durch eine «Enthumanisierung» aus, in ihr spreche kein Ich mehr, sei eine Stimme ohne fassbaren Träger zu hören.

Aber Hegel ging es auch nicht um eine Einengung des Gedichts auf Gefühle. Er spricht von der «äußeren Realität», die das Gedicht erfasst, allerdings aus der Perspektive eines einzelnen Menschen. Wirklichkeit wird so beschrieben, wie sie sich in der «Erfahrung des Herzens», aber auch in der «Reflexion» niederschlägt. Vom seligen Schwimmen in Gefühlen ist da nicht die Rede. Auf der anderen Seite lässt sich jener Teil der modernen Lyrik, der ein an sich selbst zweifelndes, fragmentiertes Ich darstellt oder ganz auf eine Ich-Aussage verzichtet, in die Geschichte der Subjektivität einordnen: Dort, wo dem Ich Bezugspunkte fehlen, die lange das Selbstverständnis gesichert haben, droht es zu zerbrechen, und auch davon können Gedichte sprechen. Der «Verlust des Ich» ist dann Reaktion auf eine Krisenerfahrung, die in der Lyrik ihren Ausdruck findet. Da wird um Identität gerungen und gekämpft. In der vorliegenden Darstellung jedenfalls soll die Frage, wie sich der einzelne Mensch in der historischen Entwicklung beschreibt und bestimmt, was ihm Halt gibt, wovon er sich abwendet, was er glaubt und woran er zweifelt, immer wieder gestellt werden.

Die Bezeichnung «deutsche Lyrik» bezieht sich auf die Verwendung einer gemeinsamen Sprache. Es geht nicht um die Lyrik einer deutschen Nation: Oswald von Wolkenstein (um 1376–1445), Adeliger aus dem heutigen Südtirol, den es als Diplomat und Politiker quer durch Europa verschlug, und Paul Celan (1920–1970), der in Czernowitz aufwuchs, einer habsburgisch geprägten Vielvölkerstadt, die nach dem Ersten Weltkrieg rumänisch wurde, haben mit einer deutschen Nation ersichtlich wenig zu tun. Sie sind aber deutsche Lyriker, weil sie in einer über alle sprachgeschichtlichen Veränderungen hinweg gemeinsamen Sprache Gedichte geschrieben haben.

Diese Gemeinsamkeit ist in der Gattung der Lyrik besonders hoch zu bewerten. Natürlich steht die deutsche Lyrik in einem Geflecht vieler Literaturen: Die Autoren des Barock orientierten sich an der Antike und an ihren italienischen und französischen Nachbarliteraturen; die Autoren an der Wende vom 19. zum 20. Jahrhundert sind in ihrem Ausdruck nicht denkbar ohne die französischen Symbolisten. Aber weil die Lyrik sich eben in besonderer Weise auf die Form der Sprache konzentriert, ist sie enger als andere Gattungen an die Bedingungen einer bestimmten Sprache gebunden. Der (berechtigte) Gemeinplatz, dass Lyrik schwer zu übersetzen sei, hat hier seine Grundlage. Sprachen besitzen ihre eigenen rhythmischen Gesetzlichkeiten, unterscheiden sich in ihrem Satzbau, in der durchschnittlichen Silbenzahl ihrer Wörter, aber auch in ihren Varietäten (Standardsprache, Umgangssprache, Dialekt, Soziolekt), ihren Redewendungen, Anspielungsmöglichkeiten und vielem mehr. So geht aus der Bindung an die Formen der deutschen Sprache eine Gemeinsamkeit von Autoren hervor, die ansonsten historisch, regional oder mental weit geschieden sind.

Zuletzt zur Behauptung, dass sich die Abfolge der deutschen Gedichte vom 10. bis ins 21. Jahrhundert als Geschichte schreiben lasse. Damit ist gemeint: Es ist kein Zufall, wie und wovon Gedichte zu einer bestimmten Zeit sprechen. Wenn im 18. Jahrhundert die Form der freien Rhythmen entsteht, dann ist das nur als Teilentwicklung eines großen historischen Prozesses zu verstehen, den man Aufklärung, Abbau der Ständegesellschaft, Säkularisierung oder Individualisierung nennen kann. Goethes «Prometheus» gehört in diesen Zusammenhang, und das gilt sowohl für die religionskritischen Argumente und die forderndangreifende Haltung des Sprechers als auch für die Versstruktur. Dies ist eine wesentliche Aufgabe einer Lyrikgeschichte: Sie muss zeigen, dass Formen nicht vom Himmel fallen, sondern aus einer bestimmten historischen Situation hervorgehen, dass sie einer bestimmten Weltdeutung entsprechen, mit den Überzeugungen und der Lebensform ihres Verfassers in einem Zusammenhang stehen.

Das betrifft den Abbau traditioneller metrischer Strukturen, aber auch Bewegungen innerhalb der Moderne, die gereimte Verse und regelmäßige Rhythmen verwenden. Wenn Stefan George seine Gedichte streng band, dann verstand er dies als Reaktion auf eine ungeordnete, chaotische und fließende Welt. Auch in Liedstrophen aus dreihebigen Jamben kann man mit der Moderne umgehen – da gibt es keine einsträngigen Notwendigkeiten und verbindlichen Ziele. Wenn die Entwicklung der Lyrik in dieser Weise als Prozess verstanden wird, dann heißt dies nicht, die Individualität der Autoren gering zu schätzen. Zwar konnte der «Prometheus» erst in der zweiten Hälfte des 18. Jahrhunderts geschrieben werden, aber dazu brauchte es immer noch Goethe. Auch die Besonderheit der Dichter, ihre Empfindlichkeiten, Wahrnehmungsweisen, Veranlagungen gehen in Gedichte ein, und auch auf sie soll sich eine Analyse einlassen. Es muss also kein Gegensatz sein, von Veränderungen der Gesellschaftsformation und von Genies zu sprechen.

Zusammenhänge entstehen in der Abfolge der Gedichte auch dadurch, dass sich die Autoren immer wieder aufeinander beziehen. Da herrschen Verdrängungs- und Überbietungswettbewerbe, aber da gibt es auch die Anspielung, das Zitat und den Gruß über weite Zeiträume hinweg. «Vielleicht hast du / dort gesessen, Ludwig Tieck», sagt Rolf Dieter Brinkmann (1940–1975) überraschend in seinem Gedicht «Canneloni in Olevano». Oder es sind lyrische Formen, die wieder aufgegriffen und verändert werden, um die eigene Situation formulieren zu können; am Anfang des 20. Jahrhunderts interessiert man sich plötzlich für Hölderlins Sprache, mit der das 19. Jahrhundert eher wenig anfangen konnte. Das vorliegende Buch endet deshalb nicht zufällig mit einem Gedicht Walthers von der Vogelweide (um 1170–um 1230) in einer neuhochdeutschen Übertragung von Peter Rühmkorf (*1929), in der es auch zu dessen eigenem Gedicht wird.

Die Zahl der in diesem Buch behandelten Autoren ist, berücksichtigt man den langen Zeitraum, eher gering. Es sollte nicht zu einer Aufzählung von Namen und abstrakten Kurzcharakterisierungen kommen. Ausgewählt wurden die Autoren nach ihrer Qualität als Repräsentanten einer bestimmten Phase der Lyrikgeschichte, nach ihrem Innovationswert und vor allem nach ihrer ästhetischen Leistung. Besondere Beachtung gilt der Lyrik als Sinnsuche, in religiösen wie in säkularisierten Zeiten. Wo immer es möglicht ist, wird auf einzelne Gedichte eingegangen, die dann auch zitiert sind. Da dies aber fast immer nur auszugsweise geschehen kann, wäre es ideal, parallel zur Lyrikgeschichte eine jener Anthologien zu lesen, die in den abschließenden Literaturhinweisen genannt sind (Conrady, Detering). Dass man über die Auswahl streiten kann, ist selbstverständlich, und solcher Streit hält die Literaturgeschichte in Bewegung. Mehr als alles andere hat dieses Buch aber ein Ziel: Es möchte Interesse und Freude an der deutschen Lyrik wecken oder steigern.

I. Von den Anfängen bis ins 16. Jahrhundert

Am Anfang der deutschsprachigen Lyrik stehen kurze Texte für den Alltagsgebrauch, die man aufgrund ihrer Bindung durch Rhythmus und Reim als Gedichte bezeichnen darf. Dies sind zum einen religiöse Lieder, zum anderen Zaubersprüche. Beide Formen weisen weit in die Zukunft voraus: Für die deutsche Lyrik wird die Sprache des Christentums immer ein Energiequell bleiben; das gilt noch dort, wo man sich vom Glauben distanziert und nach anderen Wegen der Lebensgestaltung sucht. Genauso wird die Hoffnung, dass die Sprache in der Lage sein könne, auf magischem Weg die Welt zu beeinflussen, auch in späteren Zeitaltern fortexistieren. In Paul Celans (1920–1970) Wiederholungstechniken und Klangexperimenten ist die Idee einer bannenden und lösenden Kraft der Worte lebendig, so wie bei Bertolt Brecht (1898–1956) die Bibel und das Gesangbuch nachklingen.

In einer Handschrift aus dem Anfang des 10. Jahrhunderts ist das althochdeutsche «*Petruslied*» überliefert. Es ist mit musikalischer Notation versehen, war also für den Gesang bestimmt; einen Verfassernamen gibt es, wie in dieser Frühzeit üblich, nicht. Das Lied besteht aus drei Strophen, die jeweils zwei Verse und die wiederkehrende Formel «Kyrie eleyson, Christe eleyson» besitzen («Herr, erbarme dich! Christus, erbarme dich!»). Möglicherweise sangen der Priester und die Gemeinde im Wechsel. Zunächst wird die Macht beschworen, die Petrus von Jesus Christus erhalten hat, es folgt die Aufforderung, dass alle zusammen mit lauter Stimme («uparlut») sich an Petrus, an Gottes besonderen Freund, wenden sollen.

Den Glauben, dass aus dem Akt des Sprechens heilende Wirkungen hervorgehen, teilen das christliche und das heidnisch-germanische Denken. In der Lebenspraxis kommt es immer wieder zu Überschneidungen, so wenn es im «*Lorscher Bienensegen*» (10. Jh.) heißt: «sizi, sizi, bina: inbot dir Sancte Maria» («Sitz, sitz, Biene! Das hat dir die Heilige Maria befohlen»). Der Segen mobilisiert übernatürliche Kräfte: Die schwärmenden Bienen dürfen nicht in den Wald entwischen. Damit der Segen wirkt, bedarf es sprachlicher Konzentration. Eingesetzt werden der Reim («bina» – «Maria»), Alliterationen, Wiederholungen im Satzbau und vor allem Wortwiederholungen («sizi, sizi»). Solche Sprüche richten sich auf die Sorgen einer agrarischen Welt; es gibt auch Segen, die Pferdehufe vor Krankheiten schützen.

Sie richten sich aber auch auf eine kriegerische Welt, wie der erste der bekannten «*Merseburger Zaubersprüche*» (10. Jh.) zeigt. Er ist durch den althochdeutschen Stabreim gebunden, nur am Ende des Spruches, wo die entscheidende Formel steht, wird der Endreim eingesetzt. Berichtet wird von zauberkundigen Frauen, die in der Lage sind, Gefangene aus Fesseln zu lösen. Das haben sie in der Vergangenheit getan, daran wird erinnert, und diese Wirkung erhofft man sich für die Gegenwart: «insprinc haptbandun, invar vigandun.» («Löse dich aus den Fesseln, entflieh den Feinden»). Da es drei Gruppen von Frauen gibt, ist die Dreizahl, der man immer schon magische Wirkungen zusprach, für den Aufbau des Spruches entscheidend.

Seit dem 13. Jahrhundert kann man von einer entfalteten Lyrik sprechen. Nun existieren eigene Handschriften, die der Sammlung mittelhochdeutscher Gedichte dienen; die bekannteste von ihnen ist der «*Codex Manesse*» (um 1300). Im Zentrum steht die Liebeslyrik, die für heutige Leser gut zugänglich, aber auch an besondere gesellschaftliche Bedingungen gebunden ist. Das Publikum ist der Adel; der Ort, an dem die Strophen weniger gelesen als gesungen werden, ist der Hof. Die Autoren, die nun namentlich bekannt sind, stammen entweder selbst aus dem Adel oder sind Berufsdichter, die vom Hof und später auch vom Stadtbürgertum abhängig sind.

Die Liebe ist kompliziert: Der Mann muss geduldig um die Frau werben, muss sie loben und preisen, Proben seiner unverbrüchlichen Zuneigung liefern, um womöglich eine Erfüllung seiner Wünsche zu erhalten. So ist das Werbelied gestaltet, ein

Beispiel dafür ist *Reinmars* (um 1200) Lied «Swaz ich nu niuwer mære sage» («Was ich jetzt Neues zu sagen habe»), in dem der Sänger gerade nichts Neues zu sagen hat, sondern nur wiederholen kann: «ich enbin niht frô» («Ich bin nicht froh»). In der Kunst des Trauerns ist er nicht zu übertreffen. Die Freunde können seine Klagen nicht mehr hören, er aber spricht wieder und wieder von seiner verehrten Dame. Er liebt sie wegen ihrer Reinheit und Güte. Einerseits möchte er, dass sie seinen körperlichen Wünschen nachgibt, andererseits würde gerade dies ihren ideellen Wert mindern.

Die Minne-Kommunikation kann auch in anderen Formen stattfinden. Es gibt den Frauenmonolog, und auch hier ist die Liebe unerfüllt, von Wünschen, Hindernissen und Gefahren begleitet. Eines der frühesten Minnelieder, «Ich zôch mir einen valken mêre danne ein jâr», in dem der entflogene Falke für den verschwundenen Mann steht, gehört zu diesem Typ (*Der von Kürenberg*, 1150/70). Auch das Liebeskonzept kann verschieden gefärbt werden. Eindrucksvoll geschieht dies bei *Heinrich von Morungen* (frühes 13 Jh.). Seine Liebe ist dunkel, ist Kampf, Qual, Überwältigung und Zerstörung. Charakteristisch sind die Gedichtanfänge: «Ez tuot vil wê», «Wê, wie lange sol ich ringen», «Si hât mich verwunt» oder gleich «Vil süeziu senftiu tœterinne» – «Süße, sanfte Mörderin».

Schließlich kann die Liebe an bestimmte Orte und Situationen gebunden werden. Unbeobachtet von der Gesellschaft kann sie dann auch eine Erfüllung finden. Besonders reizvoll ist die Gattung des Tageliedes. Ein Liebespaar hat die Nacht zusammen verbracht und muss sich bei Anbruch des Morgens trennen, was mit Unwillen, Klagen und Verzögerungen einhergeht. Spezialist dafür ist *Wolfram von Eschenbach* (frühes 13. Jh.), der den Tag so anfangen lässt: «Sîne klâwen / durh die wolken sint geslagen, / er stîget ûf mit grôzer kraft.» («Seine Klauen / haben die Wolken durchschlagen, / er steigt auf mit großer Kraft»). Außerordentlich reizvoll und lyrisch produktiv ist die Verbindung des Abschieds mit einer neuen Liebeserfüllung:

Der Mann, traurig, nahm auf diese Weise schnellen Abschied:
Ihre leuchtenden, glatten Körper
kamen sich näher. Da wurde es Tag.
Weinende Augen, süßer Frauenkuß.
So verflochten sie
Mund, Brust, die Arme, die blanken Beine.
Wenn ein Maler das entwerfen könnte,
wie sie in der Umarmung dalagen, es wäre wohl sein Meisterstück.
Obwohl ihre Liebe doch voll Kummer war,
gaben sie sich ihr sorglos hin.

Die schönsten Gedichte dieser Zeit hat *Walther von der Vogelweide* (um 1170–um 1230) geschrieben. Sie demonstrieren die formale Komplexität und das Niveau, das die deutsche Lyrik erreicht hat: Die Strophen folgen Bauplänen und weisen Untergliederungen auf (so zum Beispiel die Kanzonenstrophe); die Regeln für den Reim sind präziser gefasst; die Rezeption altfranzösischer und provenzalischer Lyrik hat bereichernd und anregend gewirkt. Walther setzt Traditionen fort, schlägt aber auch neue Wege ein. Er experimentiert, stellt den Mann und die Frau gleich und verbindet sie. Die Liebe ist natürlich und findet außerhalb des Hofes statt. Die Menschen, die sprechen und lieben, sind nun viel konkreter, und hinzu kommen Ideen und Erfindungen, die man nur als genial bezeichnen kann. So etwa im «Lindenlied»: Eine Frau erzählt von einer glücklich erfüllten Liebe, Scham, aber auch Stolz bestimmen ihre Rede:

Under der linden
an der heide,
dâ unser zweier bette was,
dâ mugent ihr vinden
schône beide
gebrochen bluomen unde gras.
vor dem walde in einem tal
  tandaradei,
schône sanc diu nahtegal.

[Unter der Linde
auf der Heide,
wo unser beider Bett war,

da könnt ihr schön
gebrochen finden
gepflückte Blumen und Gras.
Vor dem Wald in einem Tal,
  tandaradei,
sang schön die Nachtigall.]

Hier ist durch Enjambements, übergreifende Reimbindung (a–b–c–a–b–c–d–e–d) und den Wechsel der Verslängen ein Sprachfluss erreicht, der dem Glücksgefühl nach der Liebe entspricht. Weiter erzählt die Frau, wie sie zur Aue gegangen kam, von ihrem Liebsten dort schon erwartet und begrüßt wurde, wie er wohl tausendmal ihren Mund küsste: «Seht wie rôt mir ist der munt», so endet die zweite Strophe. In ihr wird die Formel «tandaradei» wiederholt, damit als Refrain eingesetzt. In der dritten Strophe berichtet sie, wie der Geliebte aus Blumen ein Bett bereitet hatte. Wer dort vorbeikommt, der wird über dieses Lager herzlich lachen und kann an den Rosen erkennen, wo ihr Kopf lag – das ist einer dieser wunderbaren Einfälle. Die Schluss-Strophe geht so:

Daz er bî mir læge,
wessez iemen –
nu *e*nwelle got! –, sô schamt ich mich.
wes er mit mir pflæge,
niemer niemen
bevinde daz, wan er und ich
und ein kleinez vogellîn.
  tandaradei,
daz mac wol getriuwe sîn.

[Dass er bei mir gelegen hat,
wenn das jemand wüsste –
da sei Gott vor! –, dann würde ich mich schämen.
Was er mit mir tat,
nie erfahre es jemand,
nur er und ich,
und ein kleines Vögelein,
  tandaradei,
das wird wohl verschwiegen sein.]

Der erotische Reiz und der Witz dieses Liedes gehen aus dem Verhältnis von Sagen und Verschweigen hervor: Indem die Frau erklärt, ein Geheimnis zu haben, plaudert sie aus. Was der Mann mit ihr getan hat, können die Leser und Leserinnen sich sehr wohl vorstellen. Sie werden in die Perspektive jenes Vögelchens versetzt, das zugesehen hat. Gleichzeitig wird aber eben doch nicht alles erzählt, ist die Phantasie gefordert, vor allem durch die Formel «tandaradei», die das nicht sagbare Liebesglück klanglich umspielt.

Walther hat aber auch komische Liebesgedichte geschrieben, etwa wenn ein Dichter eine schon ältere Frau anklagt: Ihr guter Ruf sei nur dadurch entstanden, dass er gut von ihr gesungen habe, und sie solle ihn endlich erhören. Sie werde dies allerdings wohl nicht tun, sondern sich statt dessen einen jüngeren Mann suchen. Der soll seinen Vorgänger rächen und ihr die alte Haut mit frischen Zweigen («sumerlaten») gerben («Lange swîgen, des hât ich gedâht»). Zudem umfasst Walthers Werk auch andere lyrische Untergattungen, vor allem die Spruchdichtung. Dabei handelt es sich um Gedichte, die Wissen in didaktischer oder werbender Absicht vermitteln. Wichtig sind die sprachliche Prägnanz, die Argumentation und die Zielgerichtetheit der Verse. Walther bezieht in aktuellen politischen Auseinandersetzungen, wohl meistens im Auftrag, Stellung. Er attackiert in heftiger Form den Papst, und er beklagt eine Welt, in der es nicht möglich ist, dass Besitz und weltliche Ehre mit Gottes Gnade in einem Menschen zusammenfinden («Ich saz ûf eime steine»).

Lebendig wird es, wenn er vom Leben eines Berufsdichters erzählt. Er hat viele Länder gesehen, schmeichelt seinem Publikum, verlangt seinen Lohn, bittet den König und Kaiser Friedrich II., ihm ein eigenes Heim zu verschaffen. Die Erleichterung, als dieser ihm eine Existenzgrundlage gibt, ist groß: «Ich hân mîn lêhen, al die werlt, ich hân mîn lêhen!» Worin dieses Lehen bestand, einem Haus oder Grundbesitz oder einer Rente, ist unbekannt.

Im Spätmittelalter ist es vor allem *Oswald von Wolkenstein* (um 1376–1445), der neue Töne in die Lyrik bringt. Er ist kein

Berufsdichter, sondern ein Adeliger, der im politischen Leben eine Rolle spielte. So dienen ihm Lieder auch als Mittel der Repräsentation, vor allem aber zur Lebensbewältigung. In dem langen Gedicht «Es fuegt sich, do ich was von zehen jaren alt» («Es ergab sich so, als ich zehn Jahre alt war») berichtet er, wie er von zu Hause aufbrach, «in manchen heißen und kalten Ecken der Welt» lebte, manchen Tropfen Blut verlor. Er lief zu Fuß, stahl ein Pferd, war Laufbursche, Koch, Ruderknecht. Er war im Gefolge deutscher Könige unterwegs, erlitt Schiffbruch auf dem Schwarzen Meer, verehrte die Königin von Aragon, die ihn auszeichnete, indem sie ihm Ohrlöcher stach. Er wurde verspottet, er wurde fromm, aber dann fuhr «die Andacht durchs Dachfenster». Die Liebe quälte, verfolgte ihn, machte ihn unfrei und verrückt.

«ich Wolkenstain leb sicher klain vernünftiklich» («leb sicher wenig vernünftig»), sagt er am Ende dieses Gedichts, das seine Kraft aus den langen Versen, den wuchtigen Strophen, der Reimhäufung und der konsonantisch-harten Sprache bezieht. So wie Oswald die alternierende Metrik variiert und aufbricht, so verbindet er vollkommen verschiedene Codes: Er benutzt juristische, theologische und ökonomische Begriffe, er beherrscht die Sprache des Hofes und die grobe Mundart, integriert Brocken aus fremden Sprachen und aus Sondersprachen bestimmter Berufsgruppen. So kommt es zu einer ganz eigenen Mischung, die ein Leben abbildet, das keiner Idee, keinem Plan folgt, dem Identität erst abgerungen werden muss. Ein Lebenssinn ist schwer zu erkennen, und Oswald macht sich Sorgen, die heißen «flammen wellen» der Hölle zu spüren zu bekommen.

Das 16. Jahrhundert ist für die Lyrik weniger bedeutend. Wichtig auch für spätere Entwicklungen sind aber die sogenannten *Volkslieder*, die sich in Liederbüchern aus dieser Zeit finden. Es handelt sich um einfach gebaute Gedichte, deren Verfasser nicht bekannt sind, die allgemein vertraute, von vielen Menschen geteilte Erfahrungen formulieren. Satzbau und Wortmaterial werfen keine Verständnisprobleme auf, die Bildlichkeit ist an die Lebenspraxis gebunden, Reim und Rhythmik sichern die Sangbarkeit. «Ich hort ein Sichellin rauschen, / Wohl rauschen durch das Korn, / Ich hort ein feine Magd klagen, / Sie hätt' ihr Lieb verlorn.»

Solche Verse greift Clemens Brentano einige Jahrhunderte später wieder auf. Er setzt sie ins Neuhochdeutsche um, verstärkt ihre Klangeffekte und erfindet auch Strophen hinzu. Das Lied schreibt sich durch die Jahrhunderte fort; seine überzeitlichen Inhalte wie die Klage einer verlassenen Geliebten finden in jeder Zeit ihre Ausdrucksform. Bis in die Gegenwart, bis in den Schlager und die Popmusik hat sich die Liedform mit ihrer Welthaltigkeit und Offenheit als produktiv erwiesen.

Vom 15. bis zum 17. Jahrhundert existierte die Sonderform des *Meistersangs*. Sie wird vor allem in süddeutschen Städten wie Nürnberg oder Augsburg gepflegt. Die Autoren stammen aus der städtischen Mittel- und Unterschicht, sind Bäcker, Nagelschmied oder Barbier. Da der Meistersang festen inhaltlichen und formalen Vorgaben folgt, ist er lehr- und lernbar, und seine Beherrschung wird in Singschulen geprüft. Man knüpft an die mittelalterliche Spruchdichtung an, deren Strophenformen und Melodien man mit neuen religiösen und weltlichen Inhalten füllt. So werden Wissen und Moral vermittelt. Für diese Form der Lyrik, die in gesellschaftlichen Zusammenhängen ausgeübt wird, ist die Individualität des Autors von geringerer Bedeutung. Bekannt ist *Hans Sachs* (1494–1576), der den Meistersang in den Dienst der Reformation stellt. Die Lutherbibel wurde zur wichtigsten Stoffgrundlage, doch findet seit dem 16. Jahrhundert auch eine Verweltlichung des Meistersangs statt, der nun auch Stoffe der Antike und der italienischen Renaissance aufnimmt.

Das konfessionelle Zeitalter, die Phase der religiösen und politischen Auseinandersetzungen um das richtige Verständnis des Christentums, erfasst auch die Lyrik. *Ulrich von Hutten* (1488–1523), gebildeter Ritter, attackierte zuerst auf Lateinisch, dann auf Deutsch die Römische Kirche, verteidigte sich und das Luthertum («Ich hab's gewagt mit Sinnen») im neuen populären Medium des Flugblatts. Die wichtigsten Gedichte hat *Martin Luther* (1483–1546) selbst geschrieben. Es sind Lieder, die den neuen Glauben verbreiten und stabilisieren. Oft sind sie auf schon vorhandene Melodien gelegt, um ihren Gebrauch in den Gemeinden zu erleichtern, und schreiben bekannte biblische Vorlagen, zum Beispiel wichtige Psalmen, variationsreich fort. Sie enthalten Bekenntnis, Verkündigung und Dank. In ihrer Metaphorik zeugen sie vom Zeitalter der Kämpfe, in dem sie entstanden sind: «Ein feste Burg ist unser Gott, / Ein gute Wehr und Waffen. / Er hilft uns frei aus aller Not, / Die uns jetzt hat betroffen.» Gearbeitet wird mit klaren Begriffen, in einer stilistischen Mittellage, mit anschaulichen und sparsam eingesetzten Bildern. In einer Welt, die voller Gefahren ist, muss kräftig und laut gesungen werden, um die eigene Furcht zu überwinden, um Macht und List zu vertreiben. Das Wort ist eine Waffe, es ist Gottes Wort und kann auch Teufel fällen:

Und wenn die Welt voll Teufel wär
Und wollt uns gar verschlingen,
So fürchten wir uns nicht so sehr,
Es soll uns doch gelingen.
Der Fürst dieser Welt,
Wie sau'r er sich stellt,
Tut er uns doch nicht.
Das macht, er ist gericht't.
Ein Wörtlein kann ihn fällen.

2. Das Barock-Zeitalter

Am Anfang der Lyrik des 17. Jahrhunderts steht kein Gedicht, sondern ein Buch über das Dichten, «Das Buch von der deutschen Poeterey» (1624). Die Eleganz und Klarheit, die Vernunft und der Witz der Barocklyrik – sie verdanken sich *Martin Opitz* (1597–1639), der in dieser schmalen Abhandlung Kulturtheorie und Dichtungspraxis miteinander verbindet, Beispiele von der griechischen Antike bis zur zeitgenössischen europäischen Literatur anführt, um seine Lehren zu erläutern. Opitz spricht aus deutscher Sicht, denn er möchte eine nationalsprachliche Dichtung begründen, die sich mit den fortgeschrittenen Nachbarliteraturen, vor allem den Franzosen und Italienern, messen kann. Aber er ist, was sich im 18. Jahrhundert ändern wird, noch frei von nationalen Attitüden. Die deutsche Literatur steht im großen Rahmen einer humanistischen Kultur, in der sich antike und christliche Traditionen miteinander verbinden, in der aus einer gründlichen Bildung eine moralisch gerechtfertigte Lebensgestaltung hervorgehen soll; tatsächlich ist Opitz' Buch im Zeitalter der religiösen Spaltungen und Kriege, vor allem des Dreißigjährigen Krieges (1618–1648), von einem bemerkenswert friedfertigen Geist bestimmt.

Dass es ein solches Buch geben kann, mag heutigen Lesern merkwürdig erscheinen. Denn es handelt sich um eine Regelpoetik, eine Anleitung zum richtigen und guten Dichten. Opitz ist nicht naiv: Er weiß, dass die Anwendung von Regeln keinen Dichter hervorbringt, und er sagt auch, dass jeder wahre Dichter besondere, nicht zu erlernende Fähigkeiten benötigt, die aus der «natur» oder «einem Göttlichen antriebe» kommen. Aber Literatur ist eben auch ein Handwerk, das erlernt und eingeübt werden muss, ist Arbeit, immer erneutes Probieren, Variieren, Verwerfen und Neu-Anfangen. Deshalb kann Opitz in seinem Lehrbuch erklären, was der Dichter «soll», in welchem Fall er «einen fehler» begeht und wie eine gute «übung» für einen Dichter aussehen kann.

Die Regeln, die er aufstellt, lassen sich verschiedenen Bereichen zuordnen. Er fordert die Verwendung des Hochdeutschen. Er plädiert für klare gedankliche Strukturen, wobei er sich an den Normen und Begriffen der Rhetorik orientiert; die in der Antike begründete Redekunst ist in dieser Zeit mit der Poetik untrennbar verbunden. Auch ein Dichter kann Ideen und Bilder sammeln, ordnen, ihre sprachliche Ausführung planen.

Die für die weitere Entwicklung der Lyrik wichtigsten Gesetze betreffen die Metrik und den Reim. Mit dem «Buch von der deutschen Poeterey» wird das Deutsche endgültig auf eine akzentuierende Metrik festgelegt: Wir strukturieren unsere Verse nach Hebungen und Senkungen, die aus dem natürlichen Wortakzent hervorgehen. Eine eigentlich unbetonte Silbe darf nicht aus metrischen Gründen betont werden – eine Regel, gegen die noch heute auf Familienfeiern in dort vorgetragenen Poemen immer wieder verstoßen wird. Opitz konzentriert sich auf alternierende Verse; der Daktylus mit seiner Doppelsenkung beginnt seine Karriere erst im 18. Jahrhundert. Sodann schärft er seinen Lesern die Notwendigkeit des reinen Reims ein, der mit dem vollen Klang übereinstimmt. Auch muss der Reim eine betonte Silbe enthalten: «Kleid» reimt sich nicht wirklich auf «Hochzeit».

Nachdem Opitz den Boden bereitet hatte, kamen die großen Dichter, allen voran *Andreas Gryphius* (1616–1664):

Abend

  DEr schnelle Tag ist hin / die Nacht schwingt ihre Fahn /
Und führt die Sternen auff. Der Menschen müde Scharen
Verlassen Feld und Werck / wo Thir und Vögel waren
  Traurt itzt die Einsamkeit. Wie ist die Zeit verthan!
  Der Port naht mehr und mehr sich zu der Glider Kahn.
Gleich wie diß Licht verfil / so wird in wenig Jahren
Ich / du / und was man hat / und was man siht / hinfahren.
  Diß Leben kömmt mir vor als eine Renne-Bahn.
Laß höchster Gott / mich doch nicht auff dem Lauffplatz gleiten /
Laß mich nicht Ach / nicht Pracht / nicht Lust nicht Angst verleiten!

Dein ewig-heller Glantz sey vor und neben mir /
Laß / wenn der müde Leib entschläfft / die Seele wachen
Und wenn der letzte Tag wird mit mir Abend machen /
So reiß mich aus dem Thal der Finsternüß zu dir.

Das Gedicht besteht aus sechshebigen Jamben, die man Alexandriner nennt; das ist der wichtigste Vers des Barock. Er weist einen Einschnitt, eine Zäsur, nach der dritten Hebung auf. Im ersten Vers fällt diese Zäsur mit der Virgel, die als Satzzeichen steht, zusammen. So ist der Vers zweigeteilt, und nicht selten verwenden die Barockautoren diese Teilung zur Bildung von Gegensätzen. Im ersten Vers ist dies der Tag-Nacht-Gegensatz, der das Gedicht bis zum Ende bestimmt. Eine solche Zäsur könnte mechanisch-klappernd wirken, aber Gryphius' Meisterschaft erkennt man an dem variantenreichen Umgang mit ihr. Während in den ersten vier Versen die Zäsur mit einem syntaktischen Einschnitt einhergeht, wird sie im fünften Vers – «Der Port naht mehr und mehr sich zu der Glider Kahn» – überspielt und widerspricht im neunten Vers («Laß höchster Gott») dem Satzbau.

So erhält das gesamte Gedicht Dynamik. In den ersten Versen, die den Anbruch des Abends schildern, gleitet die Sprache. Diese Wirkung wird durch die Dominanz von «a»- und «i»-Lauten sowie durch die Enjambements erreicht. Die Sätze ziehen sich über die Versenden hinweg, und wer das Gedicht laut liest, wird jenen ruhigen Sprachfluss bemerken, der dem langsamen Hereinbrechen der Nacht, dem Verlassen der Felder und Verstummen der Vögel entspricht.

«Abend» ist ein Sonett, bestehend aus zwei Quartetten und zwei Terzetten, die man im Druckbild nicht sofort erkennt. In den Quartetten wird ein umschließender Reim verwendet (a–b–b–a), der sich wiederholt. Die Reimordnung der Terzette ist nicht so streng festgelegt; Gryphius wählt eine Variante, in der sich die beiden ersten Verse in jedem Terzett sowie die Schlussverse reimen (c–c–d, e–e–d). So sind diese beiden Strophen enger miteinander verbunden, wozu auch die Wiederholung der Bitte «Lass» am Versanfang beiträgt. Innerhalb des lyrischen Formenkanons bildet das Sonett die am stärksten regulierte Form: Nach 14 Versen muss alles gesagt sein, die Strophenform ist festgelegt, ebenso das Versmaß und die Reimordnung. Ein Dichter, der sich für diese Form entscheidet, fügt sich einer Ordnung, die nicht von ihm selbst erfunden worden ist, die übersubjektiv feststeht und die er ausfüllen muss. Gryphius folgt dem Bau des Sonetts auch im Gedankengang. Das erste Quartett entwirft ein Abendbild, das zweite deutet dieses Bild, während die Terzette die Schlussfolgerung aus dieser Deutung ziehen und sich mit Bitten an Gott wenden.

Sonette sind auch in den Jahrhunderten nach Gryphius geschrieben worden, aber wohl nie mehr so eindrucksvolle. Das Sonett entspricht dem 17. Jahrhundert, denn in dieser Zeit der religiösen Kämpfe, der Aufgewühltheit und der Umbrüche existierte ein starkes Bedürfnis nach Ordnung, Sicherheit und Form. Der frühneuzeitliche Staat bemühte sich um die Zivilisierung der Konflikte, baute eine zentrale Verwaltung und Rechtsinstitutionen auf, engagierte sich wirtschaftlich und stärkte die Bildungseinrichtungen, um Beamten- und Pfarrernachwuchs zu gewinnen. Diese Aktivität ging mit Kontrolle und Unfreiheit einher, aber angesichts der Konflikte und der Gräuel, die Gryphius in seinem Gedicht «Thränen des Vaterlandes / Anno 1636» schildert, musste zuerst und vor allem der innere Friede gesichert werden. Die Kunst dieser Zeit entsprach dem allgemeinen Ordnungsverlangen: mit der Symmetrie ihrer Schlösser, der Geometrie der Parkanlagen, den Harmoniegesetzen der Musik. Und auch für die Gattung der Lyrik gilt: Formen sind kein Zufall, sondern gehören zu einer Zeit, zu ihrer Weltdeutung, ihrer Sinnstiftung und ihren Normen.

Gesichert wird das barocke Weltwissen noch durch den großen Rahmen der Religion. Aber er ist schon angegriffen, denn das Christentum hatte sich in Konfessionen gespalten, die zum Anlass großer Kriege geworden waren, in denen die christlichen Moralgrundsätze täglich dementiert wurden. Um den Glauben wird gerungen, er wird gesucht, man kann nach seiner Gültigkeit fragen und muss ihn – gegen Kämpfe und Zweifel – bekräftigen.

Das unternimmt auch Gryphius im «Abend»-Sonett. Wenn er den Einbruch der Dunkelheit schildert, dann verwendet er eine Satzmetapher: «die Nacht schwingt ihre Fahn». Man kann an die Bewegung des Abendwindes denken und an das Ausbreiten der Schwärze, aber in dieser Geste tritt die Nacht auch als Herrscherin auf, die die Sterne wie ein Heer aufziehen lässt. Die Menschen fügen sich ihr, verlassen Feld und Handwerk, und Melancholie breitet sich aus, deutlich in der abschließenden Klage über die Vergeblichkeit des menschlichen Handelns: «Wie ist die Zeit verthan!» Am Anfang stand: «Der schnelle Tag ist hin». Das Handeln, Denken und Fühlen ist an die Zeit gebunden, ist veränderbar, nicht stabil.

Das zweite Quartett beginnt mit einem ganz anderen Bild, das aber gedanklich an die ‹Vanitas›-Diagnose anschließt. Der menschliche Körper erscheint als Schiff, das seinem Hafen immer näher kommt. Das Bild des Lebens als Seefahrt ist sehr alt. Man kann dieses Bild ausformulieren, über glückliche und schwierige Passagen, über Gefahren, Stürme oder hilfreiche Winde im Leben nachdenken. Die frühe Neuzeit besitzt noch einen überschaubaren Fundus solcher Bilder, aus dem die Autoren schöpfen können.

Einen Eindruck davon kann man in den sogenannten Emblembüchern gewinnen, in denen Bilder, als Holzschnitte oder Kupferstiche, mit einer dazugehörigen Deutung gesammelt sind. Dahinter steht die Idee einer universalen Zeichenhaftigkeit, die Vorstellung, dass prinzipiell in allen Phänomenen der Welt ein Sinn entdeckt werden kann. Die Dichter haben die Aufgabe, diese Bedeutung der Empirie immer wieder zu aktualisieren und ihren Zeitgenossen vor Augen zu stellen. Im vorliegenden Bild steht der «port» für das Lebensende, und Gryphius gibt dem Tod eine besondere Dringlichkeit, wenn er ihn zum aktiv Handelnden macht, der näher kommt.

Das sind Diagnosen, die für alle Menschen gelten. «Ich» und «du» sind wie im letzten Vers des zweiten Quartetts noch nicht getrennt. Man kann deshalb das lyrische Ich des Barock als repräsentatives Ich bezeichnen, das sich nicht durch Besonderheit von anderen Individuen abgrenzt, sondern für sie mitspricht.

Grundlage dieser noch einheitlichen Mentalität ist der christliche Glaube, den Gryphius überkonfessionell formuliert. Das Bild der Rennbahn, auf der man sich bewegt, greift auf eine Stelle im Neuen Testament zurück (1. Korinther-Brief 9, 24). Ganz deutlich wird die Ausrichtung in den Terzetten, wo von der Selbstkontrolle gesprochen wird. Gefahren gehen aus Unglück und Not, aber auch aus Glück und Reichtum hervor. Der Mensch muss darauf achten, dass Gott «vor und neben» ihm geht, also die Leit- und Schutzfunktion einnimmt.

Hier wird der Licht-Dunkel-Gegensatz wieder aufgenommen und variiert. Nun geht es um ein Licht, das anders als jenes der ersten Strophe nicht dem zeitlichen Wandel unterliegt, sondern ewig hell ist. Demgegenüber steht die Erde, die in der größtmöglichen Ausweitung der Metaphorik als Tal der Finsternis erscheint: als Ort der Einsamkeit, der Gefahren und der Abwesenheit von Sinn. Derjenige, der hier spricht, hofft, dass er an seinem Lebensende aus diesem Tal gerissen wird. Mit der Verwendung des Verbs ‹reißen› bekommt die Erlösung einen Beiklang von Gewalt. Sie geht nicht mehr aus dem Leben auf der Erde hervor, sondern steht in hartem Gegensatz zu ihm.

Sollen solche Gedichte dem Leser Stabilität und Orientierung geben, dann ist dieser Gebrauchswert noch deutlicher im Kirchenlied. Von der Blüte dieser Gattung im 17. Jahrhundert profitieren wir noch heute, denn manche kirchliche Trauung mit schwacher Predigt und gegenwärtig-dürftigem Liedgut ist plötzlich durch *Paul Gerhardts* (1607–1676) «GEh aus mein Hertz und suche Freud» gerettet worden. Die Lieder sind für den Gesang in der Gemeinde oder in der Hausandacht geschrieben worden, besitzen damit einen festen sozialen Ort und stehen in einer langen Tradition. So greift Gerhardt mit dem mächtigen «O Haupt vol Blut und Wunden» auf einen lateinischen Hymnus des 13. Jahrhunderts zurück, und natürlich sind die Texte von biblischen Bildern und Gedanken durchtränkt.

Auch wenn die Autoren nicht außerhalb der religiösen Auseinandersetzungen stehen, so artikuliert sich in den Liedern doch eine Emotionalität, die die endlosen theologischen Streitigkeiten vergessen lässt. Manchmal wird das Leben sogar wieder hell wie in Gerhardts «Sommer-Gesang», der aber auch erst nach dem Dreißigjährigen Krieg entstanden ist. Sein Blick ist genau, interessiert sich für Narzissen, Tulpen, die «hochbegabte Nachtigall», das «leichte Reh'» und die Schwalbe, die ihre Jungen füttert. «Ich singe mit / wenn alles singt», denn in der Natur ist der liebende Gott erkennbar, der sich allen Menschen zuwendet. Auf katholischer Seite hat *Friedrich von Spee* (1591–1635) solche geistlichen Sommerlandschaften erfunden.

Neben dem Barock-Humanismus und der kirchlichen Frömmigkeit gibt es andere und eigenwillige Wege, Lebenssinn zu formulieren. Zu ihnen gehört die Mystik. Sie wertet den einzelnen Menschen auf, der durch intensive Kontemplation und eine entsprechende Lebensweise zu einem Einswerden mit dem Göttlichen gelangen kann. Es ist keineswegs so, dass der Mystiker aufhören würde zu denken. Er denkt gerade besonders gründlich nach: Was lässt sich über Gott eigentlich aussagen, wie verhält Gott sich zum menschlichen Geist, wie nähert man sich Gott an? Mit der Kirche allerdings kann die Mystik in Konflikt geraten, weil der Weg der Selbsterlösung nicht mehr auf die kirchlichen Gnadenmittel angewiesen ist und weil die Bedeutung der Inkarnation in Jesus Christus verringert wird: Eigentlich kann jeder Mensch Gottes Sohn werden.

«Sag an, wie geht es zu, wenn in ein Tröpfelein, / In mich, das ganze Meer, Gott, ganz und gar fließt ein?» So fragt der berühmteste Mystiker dieser Zeit, *Angelus Silesius* (Johannes Scheffler, 1624–1677), der sein Hauptwerk den «Cherubinischen Wandersmann» nannte. Kennzeichnend ist das Paradox von Tropfen und Meer, denn die Vereinigung von Mensch und Gott übersteigt die Möglichkeiten der Sprache und des Denkens. Auch wird diese höchste Erfüllung immer nur gesucht, befindet sich der Mensch als Wanderer auf dem Weg zu ihr, und davon legt die Fülle der gedanklich und sprachlich pointierten Kurzgedichte Zeugnis ab. Viele dieser zweizeiligen Epigramme sind von rätselhafter Schönheit, und sie lehren, die Welt neu anzusehen:

Die Rose, welche hier dein äuß'res Auge sieht,
Die hat von Ewigkeit in Gott also geblüht.

Es sind Kunstwerke, aber es sind auch Meditationen, die Scheffler geschaffen hat, der im Übrigen von Ekstasen, cholerischen Anfällen und Rauschzuständen heimgesucht wurde. Das Ziel seiner Suche war die Ruhe, die er als gottgegeben verstand, und er brachte den Menschen bei, dass sie selber für die Rastlosigkeit ihres Lebens, ja für die Zeit als solche verantwortlich sind. Dagegen setzte er eine höhere Gelassenheit und nahm wieder die Rose als Beispiel, die «ohn' Warum» blüht, die nicht fragt, ob irgendjemand sie betrachtet und bewundert. So liegt der Himmel in jedem Menschen selbst, und man muss ihn nicht «bei eines andern Tür suchen».

Von da aus ist es nur ein kleiner Schritt zu einer philosophischen Strömung, die ebenfalls im Barock literarisch fruchtbar wurde, zum Neostoizismus. Die Philosophie und Lebenslehre der Stoa stammt aus der Antike, und sie fragt: Wie kann der einzelne Mensch in schwierigen, turbulenten, erschütternden Umständen sich selbst erhalten, seine Identität bewahren? Propagiert wird eine Lebensführung, die dem zeitlichen Wandel und der Veränderung der äußeren Umstände standhält. Diese Philosophie, die man besonders eindrucksvoll in den «Selbstbetrachtungen» des Kaisers Marc Aurel (121–180) formuliert findet, ist in der europäischen Geschichte immer wieder revitalisiert worden, vorzugsweise in Krisenzeiten, in denen Menschen erlebten, wie Sicherheiten und Haltepunkte verschwanden, das Bekannte wegkippte. In der barocken Lyrik ist der Stoizismus in *Paul Flemings* (1609–1640) Sonett «An sich» zu finden:

SEY dennoch unverzagt. Gieb dennoch unverlohren.
Weich keinem Glücke nicht. Steh' höher als der Neid.
Vergnüge dich an dir / und acht es für kein Leid /
hat sich gleich wieder dich Glück' / Ort / und Zeit verschworen.

Hier findet keine Selbstaussprache, sondern eine Selbstansprache statt, werden pointiert und präzise Vorschläge für die Lebensführung vermittelt. Die Haltung ist ein «Dennoch»: Gegen die Widrigkeit der Welt bestehen, sich auf den eigenen Kern zurückziehen, Distanz zu den Vorgängen rundherum bewahren, das ist gut. Alles hängt davon ab, so hatte auch Angelus Silesius gelehrt, wie wir die Dinge wahrnehmen, Unglück oder Glück gehen aus uns selbst hervor. Wer sich beherrscht, Depressionen abwehrt, aber auch im Glücksfall nicht jedes Maß verliert, «dem ist die weite Welt und alles unterthan». Paul Fleming hatte an einer mehrjährigen Expedition nach Moskau und nach Persien teilgenommen, hatte Erfahrungen mit extremen Situationen gesammelt. Das Sonett spricht davon, sich in Notwendigkeiten zu fügen und erschütterungsfrei zu bleiben.

Wenn die Weltzuwendung im Neostoizismus schon stärker ist, ohne allerdings mit der christlichen Moral in Konflikt geraten zu müssen, so wird ihr in den erotischen Gedichten des Barock freie Bahn gelassen. Eine so geistreich-frivole Erotik, die vor kaum einer sexuellen Praxis zurückscheut, ohne drastisch-plump zu werden, hat es in der deutschen Lyrik danach nie wieder gegeben. Schon das folgende Jahrhundert war prüder. Johann Christoph Gottsched, Literaturtheoretiker der Aufklärung, bemerkte über *Christian Hoffmann von Hoffmannswaldau* (1616–1679), den Haupterotiker des Barock, dass dieser «in die Fußtapfen der geilen Italiener» getreten sei, «die ihrer Feder so wenig, als ihren Begierden, ein Maaß zu setzen wissen.» Hoffmannswaldau war als hoher Beamter in Breslau und im kaiserlichen Dienst tätig, und er hütete sich, seine gewagten Gedichte zu veröffentlichen. Der Aufruf zum Liebesgenuss wird immer neu variiert und mit zahllosen Bildern umspielt:

 Albanie / der schönen augen licht
Der leib / und was auff den beliebten wangen
 Ist nicht vor dich / vor uns nur zugericht
Die äpffel / so auff deinen brüsten prangen
 Sind unsre lust / und süsse anmuths-see.
 Albanie.

 Albanie / was quälen wir uns viel /
Und züchtigen die nieren und die lenden?
 Nur frisch gewagt das angenehme spiel /
Iedwedes glied ist ja gemacht zum wenden /
 Und wendet doch die Sonn sich in die Höh.
 Albanie.

Das sind Liedverse, und Hoffmannswaldau spielt mit ihnen, findet immer neue Reime auf «Albanie», stellt sie, die noch nicht will, an den Anfang und ans Ende der Strophe, klagt und bittet. Auch den ‹Vanitas›-Appell setzt er ein, um ihre Entscheidung positiv zu beeinflussen. Dabei greift er auf Vorbilder der italienischen Literatur zurück, bis hin zu Petrarca, wenn der weibliche Körper in allen Teilen mit zahllosen Metaphern und Vergleichen umkreist wird. Einmal hat Hoffmannswaldau mehr als 50 Umschreibungen der weiblichen Brust gesammelt, und natürlich ging es ihm auch darum, mit überraschenden Wendungen und Pointen die eigene Kunst auszustellen. Allerdings hat er auch religiöse und stoische Gedichte geschrieben, so dass die scheinbaren Gegensätze der Epoche in einer Person zusammenfallen können. Von der Jenseitsorientierung, der Angst und dem Kampf um den Selbsterhalt gelangt man in einem Schritt zum sinnlichen Taumel, zum Vergessen, zur Betäubung im Rausch.

3. Aufklärung und ‹Sturm und Drang›

Wie die meisten Übergänge verläuft auch der zwischen Barock und Aufklärung fließend. *Johann Christian Günther* (1695–1723), der mit seiner «Abschiedsaria» in jede Lyriksammlung gehört, wird noch als barocker Autor bezeichnet, obwohl hier in den Formvorgaben der Rhetorik schon eine Schlichtheit, Individualität und Gefühlsstärke zu hören ist, die ins 18. Jahrhundert, auf den Typus der ‹Erlebnislyrik›, vorausweist. *Barthold Heinrich Brockes* (1680–1747) gilt als wichtigster Lyriker der frühen Aufklärung, obwohl seine Naturbilder den barocken noch gleichen: Er sieht eine «Kirschblüte bei der Nacht» und bewundert deren Weiße. Dann sieht er einen Stern, der noch viel heller strahlt, und aus dieser konkreten Erfahrung gewinnt er eine allgemeine Einsicht: «Die größte Schönheit dieser Erden / Kann mit der himmlischen doch nicht verglichen werden.»

Aber neben diesem allegorischen Verfahren findet man bei ihm auch ein neues Denken und Empfinden. Auffallend sind Genauigkeit und Fülle der Naturbeschreibungen. Brockes nimmt alles in den Blick: einen Kürbis, das menschliche Gehör, die Trauben-Hyacinthe, den Gold-Käfer, aber auch den Ross-Käfer, ein Samengehäuse und einen Hof voll Federvieh. Er beobachtet und schildert Details, versenkt sich in die Gegenstände und analysiert sie.

Dieser Blick entspricht dem Aufschwung und der Bedeutung der Naturwissenschaften im Aufklärungszeitalter. Die Zeit ist bestimmt von Entdeckungen, technischen Möglichkeiten und neuen Denkweisen, die sich zum Anspruch verbanden, die Gesetzmäßigkeiten der Empirie mit den Mitteln der menschlichen Vernunft zu erfassen. Die Prozesse, die man in der Natur beobachtete, sollten immanent erklärt werden, ohne dass man auf die Einwirkungen einer äußeren Macht zurückgreifen musste. Aber die meisten Aufklärer, und so auch Brockes, sehen darin keinen Gegensatz zum Glauben an einen Schöpfer. Das neue Wissen sollte vielmehr gerade beweisen, dass die Welt sinnvoll geordnet, gut und vernünftig angelegt ist. Jeder einzelne Gegenstand besitzt eine Funktion im Weltganzen, und so verweist auch die aufgeklärte Natur auf Gott, aber nun nicht mehr allegorisch, sondern mit einem Verfahren, das man physikotheologisch nennt.

Es handelt sich also um Lehrdichtung, die den Lesern Einsichten vermitteln will. Aber sie ist nicht spröde, sondern quillt in Brockes' neunbändigem Hauptwerk «Irdisches Vergnügen in Gott» vor Sinnenlust geradezu über. Das entspricht dem Lebenskonzept des Verfassers, der zum wohlhabenden Hamburger Bürgertum gehörte und auch als Ratsherr tätig war. Nachdem er seinen Vorsatz, «durch eine artige Aufführung zu einer reichen Heirath zu gelangen», umgesetzt hatte, zeugte er zwölf Kinder, die in den Gedichten auch vorkommen, etwa wenn sie ihm Fundstücke aus dem heimischen Garten bringen, die er dann umgehend zum Lob des Schöpfers beschreibt und deutet.

Den körperlichen Freuden war er zugetan, und ohne die Zweiteilung der Geschlechter, so schrieb er, wäre aus der Welt «fast die meiste Freude fort». Aber auch leidvolle Erfahrungen integriert Brockes in sein Weltbild. So schildert das Gedicht «Der Zahn» einen Zahnarztbesuch mit schmerzhafter Extraktion (natürlich ohne Betäubung). Nachdem dies geschafft und der Schmerz abgeklungen ist, betrachtet der lyrische Sprecher den Zahn, lobt dessen Festigkeit und Breite, meditiert über Wurzeln und Sehnen, entdeckt den Zahnschmelz und dessen Schutzfunktion, um so das «Wunder-Werck» des menschlichen Gebisses zu verstehen und dafür zu danken.

Die lyrische Qualität von Brockes' Werk liegt vor allem in dem virtuosen Umgang mit Klängen und Lauten. Die Lebendigkeit der Natureindrücke geht aus dem gezielten Einsatz von dunklen oder hellen Vokalen, harten oder weichen Konsonanten, ein- oder mehrsilbigen Worten hervor, wie es geradezu lehrbuchhaft in einer Gegenüberstellung von Winter und Frühjahr deutlich wird:

Im Winter füllt die Luft ein neblicht falbes Grau.
Im Frühling ist sie hell, warm, heiter, rein und blau.
Im Winter schnaubt der Nord, mit stürmerischer Wuth,
Zerschneidet uns die Haut, durchdringet Marck und Blut;
Im Frühling säuseln sanft und kühlen uns gelinde,
Mit Balsam = reichem Duft, die schmeichelnd lauen Winde.
Im Winter drückt die Fluth, und hält den sanften Lauf
Ein schroff = und starres Eis, durch rauhe Schollen, auf.

Aber der wichtigste Schreibimpuls war der Wille zur Erkenntnis. So beschäftigt sich Brockes in mehreren Gedichten mit der neuzeitlichen Astronomie, die die Sonderstellung der Erde beendet hatte, ein unendliches All mit vielen Welten und unbegreiflichen Prozessen erscheinen ließ. Die kopernikanische Schockerfahrung, das Gefühl der Verlorenheit und Angst, therapiert er poetisch, indem er sprachliche Gleichsetzungen vornimmt: Wenn das neue Weltall «unendlich» ist, so kann gerade dies als Bild des «unendlichen» Gottes verstanden werden. Interessant ist auch, wie sich mit der aufgeklärten Religion, die Brockes verkündet, das christliche Gottesbild hin zum Pantheismus verschiebt. Das Göttliche ist vor allem in den Naturerscheinungen zu finden, und der Natur begegnet man mit Frömmigkeit. Ihr Anblick ruft das Gefühl hervor: Das alles kann unmöglich ein Zufall sein.

Der zweite wichtige Lyriker der frühen Aufklärung ist *Albrecht von Haller* (1708–1777). Er wurde in Bern geboren, hatte schon als Kind einen starken Wissensdurst und Arbeitshunger, studierte Medizin und wurde Professor für Anatomie, Chirurgie und Botanik in Göttingen. Als einer der wichtigsten Naturwissenschaftler seiner Zeit verfasste er zahlreiche Lehrbücher, rezensierte und korrespondierte, fand aber auch Zeit für ein schmales lyrisches Werk. Interessant sind wieder die theologischen Überlegungen, die für den Autor, der von Schicksalsschlägen und Melancholie verfolgt wurde, existentielle Bedeutung besaßen. Er kennt anders als Brockes schon den Blick in eine womöglich doch ungeordnete Natur, in der sich der Mensch fremd fühlt, in der ein großes Nichts zuletzt alles verschlingt. Diese Angst ringt mit dem Naturvertrauen.

Hell gefärbt ist das lange Gedicht «Die Alpen», einer der ersten literarischen Texte, in dem die Welt des Hochgebirges erscheint, dabei nicht bedrohlich, sondern faszinierend wirkt. Hier sah Haller, der sowohl die Intrigen der Universität als auch die seiner Vaterstadt Bern kannte, ein ursprüngliches Leben weiterwirken: Der Mensch existiert im Rhythmus der Natur, realisiert die Moral des Herzens, benötigt keinen künstlichen Prunk – die Blüte des Enzians mit ihrem hellen Gold ist schöner als der Reichtum aller Höfe.

Dann kommt ein anderer: *Friedrich Gottlieb Klopstock* (1724–1803). Er hatte als erster die Idee, aus dem Leben ein Kunstwerk zu machen, war der erste Popautor der deutschen Lyrik. Man erkennt es an der Ode «Der Zürchersee», die aus der Bootsfahrt einiger junger Leute, Männer und Frauen, hervorging. Da gibt es eine begeisternde Erfahrung der Natur, die von den Hügeln am Ufer bis zu den Alpengipfeln reicht; da gibt es Dichtung, es wird gesungen; da gibt es Wein und natürlich Erotik, denn die «Göttin Freude», die über der Seefahrt steht, lässt auch die «blühende Brust» der Mädchen steigen und erhöht den Herzschlag.

So bildet sich in der ästhetischen Erfahrung eine Kleingruppe, die sich von der Gesellschaft, ihren Normen und Funktionsweisen abwendet. Wenn Dichtung die Gefühlstätigkeit intensiviert und neue Lebensformen erkundet, dann erhöht sich auch die Bedeutung des Dichters. Klopstock wurde verehrt, wie die berühmte Szene in Goethes «Werther» zeigt, wo Lotte und Werther nach einem Gewitter am Fenster stehen, der Regenbogen erscheint und Lotte nur leise sagt: «Klopstock!».

Nicht in den Ocean
Der Welten alle
Will ich mich stürzen!
Nicht schweben, wo die ersten Erschaffnen,
Wo die Jubelchöre der Söhne des Lichts
Anbeten, tief anbeten,
Und in Entzückung vergehn!

Nur um den Tropfen am Eimer,
Um die Erde nur, will ich schweben,
Und anbeten!

Halleluja! Halleluja!
Auch der Tropfen am Eimer
Rann aus der Hand des Allmächtigen!

Da aus der Hand des Allmächtigen
Die grössern Erden quollen,
Da die Ströme des Lichts
Rauschten, und Orionen wurden;
Da rann der Tropfen
Aus der Hand des Allmächtigen!

An dieses Gedicht denkt Lotte, so beginnt die «Die Frühlingsfeier» (1. Fassung, 1759). Die Unterschiede zur Barocklyrik und zu den Gedichten des frühen 18. Jahrhunderts sind sofort sichtbar: Die Verse sind von ungleicher Länge, ebenso die Strophen, auf den Reim wird verzichtet. Versucht man mit Markierungen von Hebungen und Senkungen eine metrische Ordnung zu finden, gelingt dies nicht. Die Zahl der Hebungen und Senkungen wechselt von Vers zu Vers, es gibt die bekannten Alternationen, aber auch Doppelsenkungen und die Aufeinanderfolge von zwei Hebungen.

Das Gedicht erhält damit eine gesteigerte Dynamik, zu der auch die zahlreichen Wiederholungen beitragen, die Klopstock einsetzt. Wiederholt werden Worte, Wortgruppen, manchmal in leichter Variation, und Satzstrukturen. Möglich wurde diese Gedichtsprache durch den Rückgriff auf die Antike. Klopstock übertrug Hexameterverse und Odenstrophen ins Deutsche, er experimentierte mit Veränderungen der Vorbilder und gelangte schließlich, so in der «Frühlingsfeier»-Hymne, zu freien Rhythmen. Das sind Verse, die noch eine rhythmische Struktur besitzen, in denen die Abfolge einzelner Versfüße erkennbar ist, die aber keinem festen metrischen Bauplan folgen. Ein zweites wichtiges Klangerlebnis für Klopstock waren die biblischen Psalmen. Sie wirken in den Wiederholungsfiguren und syntaktischen Parallelismen nach.

Nicht nur die Formen, auch die Idee von Dichtung, die Poetik, hat sich verändert. Nun spricht ein Mensch, der von seinen Eindrücken ergriffen wird, der diese ausdrücken muss, um die richtigen Worte ringt, dem eine einmalige Erfahrung zuteil wird:

Umwunden, wieder von Palmen umwunden
Ist meine Harfe!
Ich singe dem Herrn!

Hier steh ich.
Rund um mich ist Alles Allmacht!
Ist Alles Wunder!

Wenn man für das Barockzeitalter von einer Regelpoetik sprechen konnte, die allgemeine Gesetze und Vorgaben enthielt, dann ist nun eine Inspirationspoetik in Kraft, die den Dichter als Medium eines großen Ganzen, der Natur, des «Allmächtigen», versteht. Wenn sich ihm Bilder, Empfindungen, Klänge und «Wunder» mitteilen, dann ist es folgerichtig, nicht mehr in den festen Formen der Tradition zu sprechen, die Opitz noch ordnen und erläutern konnte. Das Innere eines Menschen gilt nun als einmalig, und einmalige Gefühle äußern sich nicht in zwei Quartetten und zwei Terzetten, sondern schaffen sich ihre Form selber – so wie in der «Frühlingsfeier» in langen und kurzen Versen, in Fragen und Ausrufen, in stockender und fließender Rede.

In einer wichtigen Formulierung spricht Klopstock von der «Bewegung der Worte», aus der das Gedicht hervorgehe. Die Worte werden nicht in ein vorgegebenes Muster eingefügt, sondern die Gestalt des Gedichtes geht aus ihrer Anordnung und Abfolge hervor. Zur Inspirationspoetik, zum Konzept eines begeisterten, seinen Eingebungen folgenden Autors, gehören auch weitere sprachliche Besonderheiten, so die Abweichungen vom konventionellen Satzbau, die Inversionen, und die neuen Wortbildungen, die Klopstock vornimmt, wenn er im Zusammenhang eines aufziehenden Gewitters vom «zückenden Blitz» und vom «gesplitterten Wald» spricht.

Aber handelt es sich trotz dieser Neuerungen nicht doch um traditionelle religiöse Lyrik, die Gott lobt, «Halleluja» ruft und auf die Knie fällt? Am Anfang der Hymne werden die astronomischen Kenntnisse der Neuzeit verarbeitet. Die Erde ist im Weltall nur noch ein «Tropfen am Eimer», klein und randständig. Diese Metapher bezieht Klopstock aus der Bibel, aber er geht mit ihr in freier Weise um, verändert gegenüber dem Buch Jesaja (40,15) ihre Bedeutung. Zudem ist seine Religion nun ganz an den Menschen, an das Subjekt gebunden, das den Sinn der Welt aus seiner Wahrnehmung hervorgehen lässt. In dem Vers «Rund um mich ist Alles Allmacht!» ist «Allmacht» betont, aber auch «mich», und wenn man zählt, wie oft in diesem Gedicht das Wort «ich» mit den abgeleiteten Pronomen verwendet wird, dann muss man aus theologischer Sicht wohl sagen: zu oft. Die Idee der Schöpfung bleibt erhalten, und überall, von den kleinen «Frühlingswürmchen» bis zum Gewitter und zum abschließenden Regenbogen, erkennt der Mensch den göttlichen Segen.

Aber im Zentrum des Gedichts steht doch das Ich. Und dieses Ich besitzt besondere Vollmachten. Es ist nicht mehr repräsentativ wie im Barockzeitalter, sondern exklusiv. Indem es ein «ihr» anredet, versammelt es eine kleine Gruppe um sich. Sie besteht aus Menschen, die die religiös-ästhetischen Erfahrungen des Sprechers mitvollziehen können. Wer so sehen kann, ist Teil der neuen Gemeinde, gehört zum Kreis derjenigen, die mit besonderer Wahrnehmungsfähigkeit ausgezeichnet sind:

> Seht ihr den Zeugen des Nahen, den zückenden Blitz?
> Hört ihr den Donner Jehovah?
> Hört ihr ihn?
> Hört ihr ihn?
> Den erschütternden Donner des Herrn?
>
> Herr! Herr! Gott! barmherzig und gnädig!
> Angebetet, gepriesen
> Sey dein herrlicher Name!

Solche Veränderungen in der Literatur haben einen historischen Hintergrund. Im 18. Jahrhundert kommt es zu einer langsamen Freisetzung des einzelnen Menschen aus überindividuellen Zusammenhängen, die ihm Lebensformen vorgaben und ihm Grenzen zogen. Der gesellschaftliche Stand, die Sozialisation in einer Familie, eine Region, in die man hineinwächst, eine Weltdeutung, die verbindlich vermittelt wird – diese Faktoren spielen noch eine erhebliche Rolle, aber sie wirken nicht mehr so stark, dass sie den Normalverlauf eines Lebens erwartbar machen können. Nun stehen verschiedene Ideale und Handlungsformen im Widerstreit. Der Zweifel an den Hierarchien der Gesellschaft, an den Aussagen der Bibel, am Zusammenhang und am göttlichen Sinn der Natur wächst. Der Autonomiebereich des Menschen wird langsam größer, die Möglichkeiten der Selbstbestimmung nehmen zu. Das ist eine Chance, löst aber auch Angst aus.

Den nächsten Schritt in der Lyrik unternimmt der junge *Johann Wolfgang Goethe* (1749–1832). Wo die Barockautoren einen transzendenten Fixpunkt besaßen, wo Klopstock das Allgemeine und das Individuelle in der Balance zu halten versuchte, streicht Goethe mit seinem «Prometheus» Gott durch. Dieses Gedicht ist freirhythmisch, aber deutlich an der antiken Odenform orientiert; die Verse besitzen in ihrer Länge und Rhythmik ein gewisses Gleichmaß. Es entstand um 1773, der erste Druck erfolgte ohne Goethes Wissen, der die Sprengkraft kannte, erst 1785. Er selber veröffentlichte es 1789, im Jahr der Französischen Revolution. Auch wenn dieses Zusammentreffen von Dichtung und Geschichte ein Zufall war, so gehört «Prometheus» doch in die Kämpfe des 18. Jahrhunderts, in denen konservative und umstürzende Kräfte miteinander rangen:

Bedecke deinen Himmel Zeus
Mit Wolkendunst!
Und übe Knaben gleich
Der Disteln köpft
An Eichen dich und Bergeshöhn!
Mußt mir meine Erde
Doch lassen stehn,
Und meine Hütte
Die du nicht gebaut
Und meinen Herd
Um dessen Glut
Du mich beneidest.

So spricht der Titan den obersten Gott an, mit Imperativen, mit Spott, und im Verlauf des Gedichts kommen Klagen und Angriffe hinzu. Den mythologischen Hintergrund konnte Goethe bei seinen Lesern als bekannt voraussetzen: Prometheus hat den Menschen aus dem Himmel das Feuer geholt, steht also für einen großen zivilisatorischen Fortschritt. So stellt das Gedicht denn auch eine Autonomie-Erklärung dar: Wie Prometheus gegen Zeus, so stellt sich der moderne Mensch gegen Gott und andere Mächte, die ihm das Leben diktieren wollen. Verkündet wird die Fähigkeit zur Selbstbestimmung und Selbstgesetzgebung: «meine Erde», «meine Hütte», «mein Herd». Die Wucht erhält das Gedicht aus solchen Wiederholungen, aus Alliterationen, aus dem Parallelbau von Sätzen und aus einer Kette von Fragen, die Zeus entgegengeschleudert werden.

In den Angriffen verwendet Goethe die Religionskritik, wie sie die Philosophie der Aufklärung entwickelt hatte. Die Götter «nähren» sich von Opfern und Gebeten, existieren also nur, weil Menschen an sie glauben. Genannt werden im Besonderen «Kinder und Bettler», also Wesen, die noch keine Vernunft besitzen, und Menschen, die in ihrer irdischen Existenz leiden, deshalb die Götter als Ausgleich und Hoffnung benötigen. Ebenso wird die Frage aufgeworfen, wie die Vorstellung eines Gottes mit der Beobachtung der Ungerechtigkeit und des Unglücks auf der Erde zu verbinden sei: «Hast du die Schmerzen gelindert / Je des Beladenen». Damit wird das von den Zeitgenossen viel diskutierte Theodizee-Problem aufgenommen. Im Widerspruch standen dabei die Attribute der Allmacht und Güte, die man Gott zuschrieb, und das überall sichtbare Leiden, das er doch zuließ.

In der letzten Strophe wird ein anderer Teil des Prometheus-Mythos vergegenwärtigt. Von dem Halbgott wurde auch erzählt, dass er Menschen aus Ton bildete, diese beseelte oder von der Göttin Athene beseelen ließ:

> Hier sitz ich, forme Menschen
> Nach meinem Bilde
> Ein Geschlecht das mir gleich sei
> Zu leiden, weinen

Genießen und zu freuen sich
Und dein nicht zu achten
Wie ich!

Diese Verse sind nicht leicht zu deuten. Man hat angenommen, dass Prometheus für den Künstler steht, der Menschen erfindet, so wie der junge Goethe seinen Werther oder seinen Götz von Berlichingen. Aber irritierend bleibt, wie sehr die Gleichheit betont wird. Die Freiheit, die Prometheus Zeus gegenüber beansprucht, billigt er seinen Geschöpfen nicht zu. Was passiert in diesem Modell zum Beispiel, wenn eines der Geschöpfe des Prometheus an Zeus glauben möchte? Das Gedicht endet mit dem triumphalen «Wie ich!»: Derjenige, der hier spricht, hat sich an die Stelle Gottes gesetzt, ist nun Schöpfer und Herrscher. Man kann fragen, ob damit nicht Entwicklungen der Moderne vorweggenommen werden, in denen sich Menschen Machtphantasien hingaben, in denen sie glaubten, nach dem Tode Gottes nun selber für das Glück, die Ordnung und das Heil der Welt verantwortlich zu sein.

Allerdings stellt Prometheus für den jungen Goethe auch nur ein Modell unter anderen dar. Die Literatur war für ihn immer Erweiterung seiner Person, bot die Möglichkeit, verschiedene Lebensformen zu erproben. Entwirft er mit Prometheus ein Ich, das sich durch Besonderheit und auch Einsamkeit auszeichnet, so wird im «Maifest», wohl 1771 geschrieben, eine große Einheitserfahrung besungen. Dementsprechend ist die Form eine ganz andere. Es handelt sich um ein Lied, die Verse bestehen aus zweihebigen Jamben, ein halber Kreuzreim verbindet die Strophe.

Goethe hat sich für diese Gattung interessiert, während einer Lebensphase im Elsass Volkslieder gesammelt und selber Gedichte geschrieben, die diese Tradition fortsetzten. Der Begriff des Volksliedes, der von vielen, auch fragwürdigen Mythen umgeben ist, sagt aus, dass es um allgemein geteilte Erfahrungen geht, die in einer semantisch und syntaktisch einfachen Sprache wiedergegeben werden. Schauplatz ist oft die Natur, so auch im «Maifest», wo ein glücklicher Moment festgehalten ist. Die kurzen Verse und die Ausrufe sorgen für ein hohes Sprachtempo.

Das Ich des Gedichtes ist verliebt und erfährt sich in dieser Liebe als Teil der Natur. Die Einheit von Mensch und Natur wird sprachlich organisiert durch die Verbindung des Verbs «dringen» mit mehreren Substantiven: «Es dringen Blüten / Aus jedem Zweig», aber auch «Freud und Wonne / Aus jeder Brust»; durch «O»-Anrufe, die sowohl der Natur als auch dem menschlichen Gefühl gelten: «O Erd o Sonne, / O Glück o Lust!»; durch den anschließenden Vergleich der Liebe mit der Schönheit der Natur:

O Lieb' o Liebe,
So golden schön,
Wie Morgenwolken
Auf jenen Höhn;

Du segnest herrlich
Das frische Feld,
Im Blütendampfe
Die volle Welt.

Damit nimmt die Liebe eine gottgleiche Position ein: Sie «segnet» die Welt, gibt ihr Einheit und Bedeutung. Der Mensch steht seiner Umgebung nicht fremd gegenüber, ist nicht nur ein Subjekt, das Objekte beobachtet, sondern erfährt sich mit ihnen als verwandt. So kann gesagt werden, dass die Lerche «Gesang und Luft» liebt, dass die «Morgenblumen» den «Himmels Duft» lieben und darin dem Menschen und seinen Gefühlen entsprechen. Einfacher, direkter und schneller ist die Liebe noch nicht ausgedrückt worden:

O Mädchen Mädchen,
Wie lieb' ich dich!
Wie blinkt dein Auge!
Wie liebst du mich!

Wenn Prometheus sich aus übersubjektiven Einbindungen löste, wenn er tradierte Wahrheiten zerschlug, sein Leben selbst bestimmen wollte, dann ist dies die eine Seite der Moderne. Aber zu ihr gehört auch die Suche nach neuen großen Einheiten, nach einem Sinn, der nicht nur selbst erfunden und kurzzeitig ist, der Menschen miteinander verbindet, an dem sie sich ausrichten können. Die Moderne ist von dieser Doppelbewegung bestimmt: von dem Kampf um die Freiheit, vom Vorrang des Individuellen auf der einen, von der Suche nach Stabilität und Geborgenheit auf der anderen Seite, und Goethe bildet beide Pole schon in seinem Frühwerk ab. Die Natur und die Liebe werden für ihn die wichtigsten Formen bleiben, in denen er Einheit und Sinn findet. Hier kann der einsame Halbgott sein Haupt hinlegen; aber den Zweifel, den er in die Welt gebracht hat, wird er doch nie mehr ganz los.

4. Klassik und Romantik

Die Zeit des späten 18. und frühen 19. Jahrhunderts ist die lebendigste Zeit der deutschen Lyrik. Das hat mit einer glücklichen Versammlung außergewöhnlicher, sich gegenseitig anregender Menschen zu tun, aber auch damit, dass besondere Hoffnungen auf die Literatur gerichtet waren. Wenn es um eine zukünftige Ordnung der Politik und der Wirtschaft, eine Gleichrangigkeit der Menschen, eine Versöhnung mit der äußeren und inneren Natur ging, dann war es die Literatur, der man eine Vorwegnahme solcher Zustände zutraute. Die Lyrik im Besonderen wurde von der Unsicherheit angetrieben, die viele Menschen empfanden.

Denn die alteuropäische Ständeordnung mit ihren Gesetzen, ihren Integrationsmechanismen und ihrem Bezug auf eine höchste Wahrheit, die Gott oder Natur hieß, hatte den Lebensläufen Bahnen gesteckt. Mit dem Zerfall dieser Regularien taten sich völlig neue Möglichkeiten auf, konnte das Ich auf vielen Wegen wandern, sich neu erfinden. Aber damit kamen auch Ängste auf, suchte man nach einem neuen Rahmen, einer Wahrheit im Zeitalter nach der Religionskritik. Diese Suchbewegungen finden in der Lyrik statt, die eine besondere Aufgabe im Ausdruck von Subjektivität hat. In ihr spricht sich der einzelne Mensch aus, beschreibt und deutet seine Situation, und die Zeit um 1800 ist besonders reich an Selbstentwürfen, die erfunden, erprobt, aber auch wieder verworfen werden.

Die vielfältigsten Antworten hat *Johann Wolfgang Goethe* (1749–1832) gegeben, von dem schon sein Freund Lavater sagte: «Insgemein hat man nur eine Seele, aber Goethe hat hundert.» Er legte sich auf keine lyrische Form oder Sprechweise fest, sondern formulierte seine Existenz immer neu. Viele der Gedichte wirken wie in einem Schwung hingeschrieben, und oft waren sie es tatsächlich, aber die Leichtigkeit, der direkte Zugriff und die Musik sind auch gegen Unsicherheit, Angst und Melancholie gesetzt. Wegen dieser Vielfalt der Rollen ist Goethe – abseits des Bildungskanons – für die Gegenwart besonders interessant, denn dieses Gefühl kennen viele Menschen: nicht ein, sondern mehrere Leben zu führen, keinen Zusammenhang in der eigenen Biographie zu erkennen, hin- und hergetrieben zu sein, nach Überzeugungen zu suchen, sie aber nicht zu besitzen, aufzubrechen, ohne das Ziel zu kennen.

1775 reiste Goethe in die Schweiz, um von einer Frau loszukommen: Lili Schönemann, eine «niedliche Blondine», die er wirklich liebte. Aber beide kamen aus verschiedenen Welten, auch Bindungsängste spielten eine Rolle. In sein Reisetagebuch trug er die erste Fassung eines Gedichts ein, das später «Auf dem See» hieß. Die Anfangsstrophe, in Jamben verfasst, schildert das Gefühl während einer Bootsfahrt. Die Natur gibt Lebensenergie, die Welle wiegt den Kahn, rundherum sind die Berge zu sehen; es handelt sich um jenen Züricher See, den Klopstock in die Dichtung eingeführt hatte. Die zweite, mittlere Strophe ist nur halb so lang, besteht aus vier Versen, die trochäisch gebaut sind und eine Hebung mehr aufweisen. Dieser Teil schneidet gleichsam in das Gedicht hinein, denn der Blick des lyrischen Ich geht von der Umgebung weg nach innen. Das Auge sinkt nieder, und Träume kehren zurück, die bekämpft werden müssen. Dafür eignet sich der energische Trochäus:

Aug', mein Aug', was sinkst du nieder?
Goldne Träume kommt ihr wieder?
Weg, du Traum! so Gold du bist;
Hier auch Lieb' und Leben ist.

Die dritte Strophe wendet sich wieder nach außen:

Auf der Welle blinken
Tausend schwebende Sterne,
Weiche Nebel trinken
Rings die türmende Ferne;
Morgenwind umflügelt

Die beschattete Bucht,
Und im See bespiegelt
Sich die reifende Frucht.

Auffallend sind die Daktylen, die der Verlebendigung und Befreiung dienen und deren Wirkung durch die Enjambements noch gesteigert wird: der Daktylus als Antidepressivum. Zur Therapie gegen die Verwirrungen des goldenen (blonden) Traumes gehört die Wendung zur Natur. Das ist eine der Möglichkeiten, die Goethe gegen die Gefahren aufbietet, denen eine ungesicherte, bodenlose Subjektivität ausgesetzt ist: Der Realismus dient der Selbststabilisierung. Man darf die Bindung an die Dinge nicht verlieren, die Natur stützt den Menschen, wo im Inneren Verwirrung droht. «Gott weiß ich bin ein armer Junge», schrieb er zu dieser Zeit in einem Brief.

In dem einige Jahre später entstandenen Lied «An den Mond» braucht das Ich keine Verlebendigung, sondern Beruhigung: von der Intensität der Gefühle, dem Wechsel von Freude und Qual, der Erfahrung des zeitlichen Wandels. Nirgends gibt es Stabilität und Dauer, und Vergessen ist nicht möglich:

Fließe, fließe, lieber Fluß,
Nimmer werd ich froh,
So verrauschte Scherz und Kuß,
Und die Treue so.

Ich besaß es doch einmal,
Was so köstlich ist!
Daß man doch zu seiner Qual
Nimmer es vergisst!

Das Gedicht besitzt keine klare gedankliche Abfolge, sondern ist ein Gedankenstrom, darin dem Fluss entsprechend. Zur Wasserbewegung passt der Wechsel von anschwellenden vier- und abschwellenden dreihebigen Versen, und für Geschwindigkeit sorgen auch die zahlreichen Enjambements, die den Leser in die Bewegung der Gedanken hineinziehen:

Rausche, Fluß, das Tal entlang,
Ohne Rast und Ruh,
Rausche, flüstre meinem Sang
Melodien zu!

Wenn du in der Winternacht
Wütend überschwillst,
Oder um die Frühlingspracht
Junger Knospen quillst.

Hier kommt es zu einer Beschwörung, ja Betäubung, wird die Bewegung des Wassers zum Rauschmittel gegen die innere Unruhe, und diese Wirkung soll auch das Gedicht haben, das in seiner Melodie den Fluss nachahmt. Es kommt zu einer Aufhebung der Grenze von innen und außen, so wie es der Reim von «Nebelglanz» und «meine Seele ganz» ausdrückt. Diese Lösung der Ich-Problematik geschieht über das Gefühl. Die Natur wirkt auf die Sinne und den Körper. Goethe sucht aber noch andere Lösungen und weitere Wege.

Auf einer zweiten Schweizer Reise, die 1779 stattfindet, gelangt er nach Lauterbrunnen, an den Staubbach-Wasserfall, der aus einer Höhe von 300 Metern hinabstürzt. Vor kurzem ist Goethe Geheimrat in Weimar geworden, er hat in Frankfurt im Elternhaus Station gemacht, frühere Geliebte wiedergesehen, aber auch das Grab seiner Schwester besucht. Verbunden mit dieser Rückschau auf das bisherige Leben ist der Versuch, Lebensgesetze zu formulieren:

Strömt von der hohen,
Steilen Felswand
Der reine Strahl,
Dann stäubt er lieblich
In Wolkenwellen
Zum glatten Fels,
Und leicht empfangen,
Wallt er verschleiernd,
Leisrauschend,
Zur Tiefe nieder.

In diesen schlanken, miteinander verbundenen, von Alliterationen bestimmten, erst alternierenden, dann daktylisch auslaufenden Versen ist der Wasserfall abgebildet. Davor ist in dem Gedicht von der Aufwärts- und Abwärtsbewegung des Wassers die Rede («Vom Himmel», «Zum Himmel»). Danach wird von Klippen gesprochen, die dem Lauf entgegenstehen, von einem Wiesental, in dem das Wasser als Bach weiterfließt, um in einem See zu enden, in dem sich die Sterne spiegeln. Da das Gedicht erklärt, dass die Seele des Menschen dem Wasser gleiche, soll man es symbolisch lesen. Dann könnten die zitierten Verse die Kindheit und Jugendphase mit Elan, Ungebundenheit, aber auch diffusen Träumen abbilden. Die Klippen würden für die Widerstände der Umwelt stehen, der Bach wäre eine gefestigte Lebensform, für die man sich entschieden hat, und der See würde die Integration des Individuums in einen größeren Zusammenhang darstellen.

Früher hat man solche Gedichte als Weltanschauungslyrik bezeichnet, und im Hintergrund steht die zeitgenössische Naturphilosophie. Sie hat den Anspruch, die in der Natur stattfindenden Prozesse zu analysieren, dabei einerseits der Komplexität und Vielfalt der Phänomene gerecht zu werden, andererseits Strukturen sichtbar zu machen, die die Natur durchziehen und zusammenhalten. Wichtig ist, dass der Mensch sich als Teil dieses Zusammenhangs verstehen kann, der eben nicht einfach ein Mechanismus ist, sondern als gut und sinnvoll eingerichtet bezeichnet werden kann. Aus den vielen Besonderheiten wird ein Muster, und das eigene Leben, das man oft nur als wirr und zufällig erfährt, folgt doch allgemeinen Gesetzen. Für die Formulierung einer solchen Ordnung ist eine besondere Kompetenz nötig, und deshalb hat Goethe das Gedicht «Gesang der Geister über den Wassern» genannt. Was hier steht, sagen jene Geister, die über den Dingen stehen und das große Ganze überblicken.

Damit ist eine Objektivität erreicht, die in Goethes klassischer und später Lyrik an Gewicht gewinnt. Das Ich soll sich nicht nur über seine eigene Wahrnehmung der Natur stabilisieren, sondern soll glauben können, dass in der Natur eine Wahrheit tatsächlich vorhanden ist. Diese unterliegt nicht den

Schwankungen des Individuums, das vielleicht heute in großer Gefühlsemphase glaubt, Teil einer großen Einheit zu sein, morgen aber bei grauem Wetter und Kopfschmerzen daran schon wieder zweifelt. Auch nach der Religion existiert eine Ordnung des Seins, in die das Ich eingebunden ist, und eine große Zahl von Gedichten ist mit der Erkenntnis und Verkündigung von Lebensgesetzen beschäftigt, die für allgemeingültig erklärt werden.

Manchmal gehen daraus allerdings auch Abstraktion und Tiefsinnsübungen hervor. Aus ihnen bricht Goethe immer wieder aus, so wie er von Weimar 1786 nach Italien floh. Dort bekommt er den Stoff zu den «Römischen Elegien», die nach der Rückkehr zwischen 1788 und 1790 in Deutschland entstehen. Wieder eine andere Form: Jetzt schreibt er Distichen, die aus Hexametern und Pentametern gebaut sind. Mit diesem antiken Versmaß, das durch den Schauplatz der Gedichte motiviert ist, setzt er eine Linie fort, die bei Klopstock begann. Aber so frei hatte noch keiner den Sprachfluss des Deutschen mit metrischen Gesetzen verbunden, die eigentlich für andere Sprachen gemacht waren. Gleichzeitig bleibt eine gewisse Fremdheit bestehen, etwa wenn die fünfte Elegie anhebt: «Froh empfind' ich mich nun auf klassischem Boden begeistert». Da spricht auch ein Schauspieler, werden Erlebnisse vorgeführt und damit in Distanz gerückt. Die Elegie ist ein Trauergesang, der an vergangenes Glück erinnert. In diesem Fall erzählt jemand von seinem Leben in Rom. Tagsüber studiert er die Werke und Bauten der Antike,

Aber die Nächte hindurch hält Amor mich anders beschäftigt,
  Werd ich auch halb nur gelehrt, bin ich doch doppelt vergnügt.
Und belehr ich mich nicht? wenn ich des lieblichen Busens
  Formen spähe, die Hand leite die Hüfte hinab.
Dann versteh ich erst recht den Marmor, ich denk' und vergleiche,
  Sehe mit fühlendem Aug', fühle mit sehender Hand.

Das ist jene erfüllte Erotik, die Goethe vor seiner Italienreise in Deutschland nicht gefunden hatte, aber aufgerufen wird auch ein Einheits-Ideal, das den Differenzen der Moderne gegenübersteht. Denn da sind Kunst und Lebenspraxis noch ungetrennt, finden Denken, Sehen und Fühlen noch gemeinsam statt, sind Erotik und Geist noch vereint. So heißt es im Fortgang dieser Elegie, dass in den Liebespausen auch «vernünftig gesprochen» wird, und so zählt der Sprecher auf dem Rücken des schlafenden Mädchens das Versmaß des Hexameters «leise mit fingernder Hand». Darauf muss man erst einmal kommen, und genau diese Individualität der Erotik sorgte in Deutschland bei der Veröffentlichung für Unruhe. Man wusste: Er hatte das alles wirklich getan.

Aber es war ein kurzes Glück, und es bedurfte der Beigabe von Goethes Phantasie, um vom Bett der Römerin zum römischen Götterhimmel zu gelangen, wie Karl Eibl im Kommentar der Frankfurter Goethe-Ausgabe schreibt. Auch in Italien bestand jene Einheit von Kunst, Leben und Göttern, von Sinnlichkeit und Vernunft, von frei miteinander umgehenden Menschen nicht mehr, wie schon kurz darauf die «Venezianischen Epigramme» zeigten. Die Antike jedoch blieb in ihrer Funktion als Gegenbild bestehen. Dort bestand die Wahrheit noch nicht aus abstrakten Sätzen wie in der Moderne, sondern war anschaulich und fassbar; dort plagten sich die Menschen noch nicht mit einer Moral, die sie zu einer ständigen Reglementierung ihrer inneren Natur zwang; dort konnte sich die Gesellschaft noch in religiös-ästhetischen Festen als zusammengehörig erfahren und bestand nicht nur aus lauter Funktionsträgern.

Bis in seine letzten Jahre trieb Goethe die Neubeschreibung seiner Person und seiner Umwelt weiter. Dies kann ein Gedicht zeigen, das im 80. Lebensjahr veröffentlicht wurde und unter dem Titel «Bei Betrachtung von Schillers Schädel» bekannt geworden ist. Schiller, für Goethe der ästhetisch und intellektuell wichtigste Freund, war nach seinem Tod 1805 in einem größeren Gewölbe beigesetzt worden. 1826 förderte man aus der Gruft 23 Schädel ans Licht, und nach einigen Mühen gelang die Identifizierung. Schillers Schädel kam dann für zwei Tage in Goethes Haus; mit Freunden saß er davor. In dieser Zeit entstand das Gedicht, das eine Auseinandersetzung mit dem Tod darstellt, dem der Dichter auch selbst nahe war. Aber es sollte nicht auf den biographischen Hintergrund reduziert werden, denn im Text ist von Schiller nicht direkt die Rede, sondern besteht der Anspruch, allgemein gültige Aussagen zu formulieren.

Das Gedicht setzt mit dem Anblick zerstreuter Skelett-Teile ein und erklärt in der Tradition der Vanitas-Klage die Vergänglichkeit aller irdischen Leistungen und auch der Schönheit. Da eine Ausrichtung auf das Jenseits im christlichen Sinn nicht möglich ist, scheinen zunächst nur Skepsis und Trauer zu bleiben: «Und niemand kann die dürre Schale lieben, / Welch herrlich edlen Kern sie auch bewahrte.» Mit einem betonten «Doch» setzt eine Wende ein, entdeckt das lyrische Ich, das sich als «Adept» der Natur versteht, einen besonderen Schädel, «unschätzbar herrlich». In ihm erkennt es eine «Schrift». Es ist die «Spur» des Geistes, der einmal in diesem Schädel tätig war. Im Hintergrund steht die zeitgenössische Vorstellung, dass sich Geist, Gehirn und Schädelform entsprechen.

Aus dieser Entdeckung resultiert eine Wärmezufuhr in der Todeskammer: Es ist «Als ob ein Lebensquell dem Tod entspränge». Goethe kann das nur noch im Konjunktiv sagen, aber es wird damit eine säkularisierte Vorstellung von Unsterblichkeit ins Spiel gebracht, sodass der Schädel in die Hand genommen und ins Sonnenlicht gehalten werden kann. Im Naturzusammenhang geht nichts verloren: Diese Idee bildet die Form des Gedichtes ab, das aus Terzinen besteht, die Goethe nur selten verwendet hat. Die fünfhebigen Jamben sind in einer besonderen, kettenartigen Reimstruktur miteinander verbunden (a – b – a, b – c – b, c – d – c usw.), sodass sich das Gedicht prinzipiell unendlich fortknüpfen könnte. So kann die Form eines Gedichtes die Hoffnung symbolisieren, dass mit dem Tod nicht alles zu Ende ist.

Friedrich Schillers (1759–1805) Leistungen, die vor allem im Drama und in der Kunsttheorie liegen, umfassen auch eine lyrische Gattung, nämlich die Ballade. Es handelt sich dabei um eine Mischform, denn es wird eine Geschichte erzählt, aber Versform und Reim sowie die große Nähe und emotionale Anteilnahme des Erzählers lassen sie auch als Gedicht erscheinen. «Sieh da! Sieh da, Timotheus, / Die Kraniche des Ibykus» – dieser Reim ist bekannt, denn Balladen wurden lange in der Schule auswendig gelernt, sodass manche Leser Zwangserinnerungen damit verbanden. Heute kann man sie befreit lesen und entdecken, welche ästhetischen, aber auch intellektuellen Reize ein Text wie «Die Kraniche des Ibykus» bietet. Man findet darin eine populäre und anschauliche Darstellung von Ideen, die für die Weimarer Klassik grundlegend waren und das deutsche Denken, besonders die Hoffnungen, die sich auf die Kunst richteten, lange geprägt haben.

Ibykus, ein Sänger, befindet sich auf einer Wanderung zu den Isthmischen Spielen in Korinth. Über ihm fliegen Kraniche, deren Lebensform als Zugvögel er mit der seinen vergleicht. Als er von Räubern überfallen und getötet wird, ruft er die Kraniche zu Zeugen dieser Tat an. Dann schwenkt die Ballade zum Theater in Korinth und erhält Dynamik, denn es tritt ein Chor der Erinnyen, der Rachegöttinnen, auf. Das Theaterspiel ist so effektvoll, dass die Zuschauer vergessen, dass es sich nur um Schauspieler handelt: «So schreiten keine irdschen Weiber». Zur Performanz gehören das Erscheinen und Verschwinden der Göttinnen, ihr Gang, der in Tanz übergeht, «das Riesenmaß der Leiber» sowie weiße Masken mit Schlangen und Nattern. Der Gesang der Göttinnen wirkt «Besinnungraubend, herzbetörend». Es wird gesehen, gehört und gefühlt, und die Wirkung der Aufführung wird noch dadurch gesteigert, dass die Zuschauer «Bank an Bank gedränget sitzen». Das antike Theater, das Schiller als ideales Theater ansieht, ist auch noch Teil der Natur, ist nach oben offen. Als dort oben in der Stille nach dem Gesang ein Kranichschwarm erscheint, verraten sich die Mörder.

Es ist, «Als ob die Gottheit nahe wär». Diese Erfahrung machen die Menschen im Theater, und ihr zuerst zweifelnder Glaube wird durch die Aufdeckung und Bestrafung des Mordes bekräftigt, zu dem der höhere Zufall des Kranichschwarms das Seinige beiträgt. Schiller entwirft damit ein Wunschbild von der Wirkung der Kunst in der Moderne. Sie, und nur sie allein, lässt uns noch glauben, lässt uns überempirische Mächte erfahren, stellt Gerechtigkeit her, vereint die ansonsten getrennten Menschen. Auf dem Theater wird das Absolute inszeniert, aber auch geglaubt. Seine Botschaft trifft eine im Herzen angesiedelte intuitive Wahrheit, bringt eine blitzartige Erkenntnis hervor. Das Theater ist Kult-Ort. Solche Visionen formuliert die Literatur der Goethezeit aus der Rückschau in die Vergangenheit.

Die größten Hoffnungen auf die Kunst hat *Friedrich Hölderlin* (1770–1843) gerichtet. Er musste mit Schwierigkeiten verschiedener Art kämpfen. Er war psychisch instabil, erhielt nur wenig Anerkennung, viele seiner Vorhaben scheiterten. Von der Dichtung konnte er nicht leben, fand aber auch keinen passenden Beruf. Die zweite Hälfte seines Lebens verbrachte er in geistiger Verwirrung im turmartigen Anbau eines Hauses in Tübingen. In seinen Gedichten spricht er immer wieder von fehlender Selbstkontrolle, davon, dass unbekannte Kräfte «verzehrend» in ihm wirken, von einem «Stachel» im Inneren, der ihn nie Ruhe finden lässt.

Wenn er sich ein wahres Leben nur als Dichter vorstellen konnte, dann rückte er den Dichter in die Nähe des Propheten und Priesters, der als Organ höherer Mächte spricht. Dies geschieht in einem Klang, den die deutsche Sprache bis dahin nicht gekannt hat, denn Hölderlin gelingt die schwierige Übertragung antiker Versformen ins Deutsche vollkommen; hinzu kommt eine individuelle Tönung, die aus Melancholie, unbekannten Bildern, rätselhaften Wendungen und Sentenzen besteht. Zu den wenigen Zeitgenossen, die seine Leistungen erkannten, gehörte Clemens Brentano, der von Hölderlins Gedichten sagte: «Nirgend einmahl ist vielleicht hohe betrachtende Trauer so herrlich ausgesprochen worden.» Und zur ersten Strophe des Gedichtes «Brod und Wein», die zu Lebzeiten einzeln veröffentlicht wurde: «Besonders ist die Nacht klar und sternhell, und einsam, und eine rück- und vorwärts tönende Glocke aller Erinnerung».

Rings um ruhet die Stadt; still wird die erleuchtete Gasse,
  Und, mit Fakeln geschmükt, rauschen die Wagen hinweg.
Satt gehn heim von Freuden des Tags zu ruhen die Menschen,
  Und Gewinn und Verlust wäget ein sinniges Haupt
Wohlzufrieden zu Haus; leer steht von Trauben und Blumen,
  Und von Werken der Hand ruht der geschäfftige Markt.

Aber das Saitenspiel tönt fern aus Gärten; vielleicht, daß
Dort ein Liebendes spielt oder ein einsamer Mann
Ferner Freunde gedenkt und der Jugendzeit; und die Brunnen,
Immerquillend und frisch rauschen an duftendem Beet.
Still in dämmriger Luft ertönen geläutete Glocken,
Und der Stunden gedenk rufet ein Wächter die Zahl.
Jezt auch kommet ein Wehn und regt die Gipfel des Hains auf,
Sieh! und das Schattenbild unserer Erde, der Mond
Kommet geheim nun auch; die Schwärmerische, die Nacht kommt,
Voll mit Sternen und wohl wenig bekümmert um uns,
Glänzt die Erstaunende dort, die Fremdlingin unter den Menschen
Über Gebirgeshöhn traurig und prächtig herauf.

Das Gedicht, das aus neun Strophen besteht, ist um und nach 1800 entstanden und enthält die wesentlichen Vorstellungen Hölderlins. Es handelt sich um eine Elegie, die aus Distichen gebaut ist. Der Tonfall der Trauer wird schon in der ersten Strophe angeschlagen; er wird ausgeweitet, wenn der in der Gegenwart stehende Sprecher an vergangene glückliche und sinnerfüllte Zeiten zurückdenkt. Denn er nutzt die am Anfang beschriebene Nacht, um sich auf eine Zeitreise in die Welt der griechischen Antike zu begeben. So, wie das abendliche «Wehn» die Baumwipfel in Bewegung versetzt, wird der Sprecher in dieser «schwärmerischen» Nacht von seinen Erinnerungen und Gedanken bewegt. Es ist wie ein Rausch, der ihn überkommt, und er spricht auch vom «frohlokkenden Wahnsinn», den die strömenden Verse mit ihrem hypotaktischen, manchmal kaum noch kontrollierten Satzbau abbilden.

So gelangt er in das «seelige Griechenland», das er als Fest der Götter und Menschen erlebt, als Zeit des Lichtes und der Heiterkeit. Damit dient es auch als Kontrast zur Moderne, denn in der Antike konnte man die Natur als göttlich belebt erfahren und gab es gemeinsame Überzeugungen, die die Menschen miteinander verbanden: «Vater Aether! so riefs und flog von Zunge zu Zunge / Tausendfach, es ertrug keiner das Leben allein.» Der alles überwölbende Himmel symbolisiert jene gesellschaftliche und mentale Einheit, die in der Moderne verlorengegangen ist; von der Notwendigkeit einer solchen Einheit war Hölderlin wie die meisten Autoren seiner Zeit überzeugt.

Wenn die Antike mit ihren «herrlichen Ordnungen», ihrem Theater und Tanz als «Tag» bezeichnet wird, dann erhält der am Gedichtanfang benutzte Begriff der Nacht auch eine erweiterte Bedeutung. Als «Nacht» der Menschheitsgeschichte erscheint die Gegenwart, und in dieser findet sich der Gedichtsprecher nach seiner Entrückung wieder. Das Fest ist aus, man lebt in einer Zeit der Trennung zwischen den Menschen, in der es keine verbindlichen Überzeugungen mehr gibt, in der die Natur als Objekt und Ware behandelt wird.

Dort, wo das Gedicht sich mit dieser Situation der Gegenwart auseinandersetzt, findet sich eine jener lyrischen Passagen, in denen Hölderlin zu einer Konzentration von Erfahrungen gelangt, mit der sich immer wieder Menschen identifiziert haben: «Indessen dünket mir öfters / Besser zu schlafen, wie so ohne Genossen zu seyn, / So zu harren und was zu thun indeß und zu sagen, / Weiß ich nicht und wozu Dichter in dürftiger Zeit?» Dieser Dichter unternimmt es nun, nach Zeichen zu suchen, die in der Gegenwart Stabilität geben und auf eine kommende bessere Zeit hindeuten können. Er tröstet sich damit, dass «die Noth und die Nacht» stark machen können, dass die Unsicherheit antreibt und sich einige Menschen auf die zukünftige Wiederkehr der Götter vorbereiten können. Denn darum geht es: «Brod und Wein» spricht von einem «kommenden Gott», und man hat lange gerätselt, welcher Gott damit gemeint sein könnte.

Die Spuren, die das Gedicht legt, weisen sowohl auf Jesus Christus als auch auf den griechischen Weingott Dionysos hin. Es kommt zu einer Verbindung verschiedener Mythen und religiöser Traditionen, und die titelgebenden Zeichen können im Sinn des christlichen Abendmahls verstanden werden, erinnern aber genauso an die antiken Götter. Schließlich fügt der in der Gegenwart stehende Dichter dem Bild eines zukünftigen Gottes eigene Wünsche und Hoffnungen hinzu. Man sieht, welche Höhen Hölderlin erreicht, welche Aufgaben er der Lyrik zuweist. Aus der eigenen Ohnmacht und aus einer Zeit heraus, die er als «herzlos» empfindet, betreibt er religiöse Spekulationen, gibt er sich tröstenden Visionen hin.

Wenn man zurückdenkt, wie demütig ein Barockautor wie Andreas Gryphius sich in Gottes Willen gefügt hatte, wie er seine gleichmäßigen Verse sorgfältig miteinander verband, und dagegen Hölderlins Ansprüche und seine bis zum Zerreißen gespannten Satzkonstruktionen hält, dann erkennt man den Umbruch, der sich in der Lyrik vollzogen hat. Denn Hölderlin ist zwar eine Einzelbegabung, aber kein Einzelfall. Er gehört in den Zusammenhang der Kunstreligion, in der man es der Literatur zutraute, Aufgaben zu übernehmen, für die in der vormodernen Gesellschaft noch ganz selbstverständlich die Religion zuständig war.

Ebenso hat er teil an der im späten 18. Jahrhundert entstehenden Geschichtsphilosophie, die es unternahm, im Verlauf der konkreten Geschichte Regelmäßigkeiten und Gesetze, einen Plan und eine Absicht zu erkennen. «Die Geschichte als Ganzes ist eine fortgehende, allmählich sich enthüllende Offenbarung des Absoluten», so hat es der Philosoph Friedrich Wilhelm Joseph Schelling formuliert, mit dem zusammen Hölderlin in Tübingen studierte.

So hat auch Hölderlin immer wieder nach Vorstellungen eines gelingenden Lebens gesucht. In seiner großen Hymne «Patmos» schildert er das Zusammenleben von Jesus und seinen Jüngern. Weil Jesus das «Zürnen der Welt» kannte, versuchte er es durch Liebe zu «erheitern». Dann folgt unvermittelt eine Behauptung, die Hölderlins Lebensgefühl völlig entgegensteht, von der er sich aber immer wieder zu überzeugen versuchte: «Denn alles ist gut.» Man kann das so verstehen, dass auch jene Ereignisse, die einem Menschen Leid zufügen, die ihn in Auseinandersetzungen hineintreiben, ihm doch in seiner Erkenntnis weiterhelfen und in einem zuletzt geordneten Weltganzen eine Bedeutung besitzen. Von diesem Kampf um eine Bedeutung der Welt gegen alle Verdunkelungen spricht Hölderlins Werk, und auch wenn er sich der direkten Ich-Aussage oft verweigert, so redet hier doch eines der stärksten Individuen in der Geschichte des Gedichts; Clemens Brentano hat ihn als einen der «Gesandten» Gottes in der Kunst bezeichnet.

Mit Hölderlins «Brod und Wein» ist oft *Friedrich von Hardenbergs* (1772–1801) Gedicht «Hymnen an die Nacht» verglichen worden. Hölderlin und Hardenberg, der unter seinem Künstlernamen *Novalis* bekannt wurde, waren Generationsgenossen und haben sich mit sehr ähnlichen Voraussetzungen und Fragen beschäftigt. Dass auch die «Hymnen an die Nacht» zu den langen Gedichten der Lyrikgeschichte gehören, ist Folge der denkerischen Anstrengung, die diese jungen Autoren um 1800 unternahmen. Auch Novalis entwirft in den «Hymnen» eine neue Form der Religion, die für ein säkularisiertes, vom Zweifel und vom Individualismus bestimmtes Zeitalter tauglich sein sollte.

Allerdings besitzt sein Gedicht auch einen privaten Ausgangspunkt: Hardenberg hatte sich mit einer sehr jungen Frau verlobt, Sophie von Kühn, die 1797 starb. In den tagebuchartigen Aufzeichnungen, die er nach ihrem Tod führte, erkennt man, wie er sich der Erinnerung an sie hingibt, aber wie er der Frau auch eine Bedeutung verleiht, wie sie zu einem Verbindungsglied mit einer Welt außerhalb jener Bedingungen wird, die unser Denken und Handeln beschränken. Im Gedicht ist es die dritte von sechs Hymnen, die schildert, wie ein Mensch an einem Grab steht, verzweifelt ist, keine Zukunft für sein Leben mehr erkennt:

> Wie ich da nach Hülfe umherschaute, vorwärts nicht konnte und rückwärts nicht, und am fliehenden, verlöschten Leben mit unendlicher Sehnsucht hing: – da kam aus blauen Fernen – von den Höhen meiner alten Seligkeit ein Dämmerungsschauer – und mit einem male riß das Band der Geburt – des Lichtes Fessel. Hin floh die irdische Herrlichkeit und meine Trauer mit ihr – zusammen floß die Wehmuth in eine neue, unergründliche Welt – du Nachtbegeisterung, Schlummer des Himmels kamst über mich – die Gegend hob sich sacht empor; über der Gegend schwebte mein entbundner, neugeborner Geist. Zur Staubwolke wurde der Hügel – durch die Wolke sah ich die verklärten Züge der Geliebten.

Große Teile des Gedichts sind in einer solchen rhythmisierten Prosa geschrieben, die hier mit ihrer Fülle von Gedankenstrichen und in ihrer atemlosen Reihung eine Visionserfahrung abbildet. Solche Bewusstseinszustände, in denen der Mensch mit einem größeren Ganzen in Kontakt gerät, das Novalis «Nacht» nennt, beschreibt das Gedicht. So werden in der zweiten Hymne Wein, Rauschmittel, Sexualität und die Lektüre alter Bücher als Medien präsentiert. Mit ihnen erhalten besonders gestimmte Menschen, die «der Nacht Geweihten», schon im alltäglichen Leben Zugang zu den «Wohnungen der Seligen».

Im Fortgang des Textes tritt zu diesen individuellen «Mittlern», wie Novalis sie nannte, das Allgemeine, nämlich die christliche Religion mit ihrem universellen Mittler Jesus Christus. In einer Notiz hat Novalis das Gesamtkonzept seiner «Hymnen» auf eine Formel gebracht: «Christus und Sophie». Dies ist eine der Herausforderungen, vor denen die Romantik steht: das Recht auf Individualität und Besonderheit mit dem Wunsch nach einer mentalen Einheit zu verbinden, eine verbindliche Wahrheit so zu formulieren, dass sie mit dem Wissen um die Begrenztheit und Vorläufigkeit aller unserer Einsichten vereinbar ist.

Interessant ist, dass auch die Form des Gedichts dieser Doppelpoligkeit entspricht, denn an die Stelle der freien Rhythmen treten im Fortgang des Textes metrisierte und gereimte Lieder, in denen auch nicht mehr ein Ich, sondern ein Wir spricht. Beides erhält sein Recht: die tastende, fordernde Suche des Ich und der gemeinsame, beruhigende Gesang der Gruppe, der man sich zugehörig fühlen darf.

Die Gattung des Lieds ist für die romantischen Autoren von großer Bedeutung. Das Lied ist ein auf Singbarkeit angelegtes Gedicht, und dazu gehört die Einfachheit des Wortmaterials und des Satzbaus. Es soll gut merkbar und leicht vermittelbar sein, ist fast immer gereimt oder durch Assonanzen zusammengehalten, strophisch gegliedert und gleichmäßig metrisiert. Weitere klangliche Mittel wie Alliterationen und Parallelismen oder auch der Refrain schaffen eine besondere Nähe zur Musik.

In den Jahren 1805–1808 veröffentlichten *Clemens Brentano*

(1778–1842) und *Achim von Arnim* (1781–1831) gemeinsam die Sammlung «Des Knaben Wunderhorn», die den Untertitel «Alte deutsche Lieder» trägt. Hier versammelten sie Gedichte aus verschiedenen Jahrhunderten ohne Angabe von Autorennamen. Es sollten Lieder sein, so die Fiktion, die aus dem Volk stammten. Weniges davon stammte aus mündlicher Überlieferung, das meiste aus älteren Quellen, es waren auch Texte von bekannten Autoren des 16. und 17. Jahrhunderts darunter. Schließlich hatten die Herausgeber an vielen Stellen eingegriffen, Gedichte verändert, fortgeschrieben und in einigen Fällen sogar eigene Gedichte im Volksliedton mit aufgenommen. Die Beschäftigung mit der Liedform, die zur Revitalisierung der eigenen Zeit und ihrer Literatur beitragen sollte, hatte zu dieser Zeit schon Tradition. Johann Gottfried Herder (1744–1803) und der junge Goethe hatten entsprechende Studien betrieben und Lieder gesammelt.

Goethe hat dann auch das «Wunderhorn» mit großem Interesse gelesen und umgehend rezensiert. Er schreibt: «Von Rechtswegen sollte dieses Büchlein in jedem Hause, wo frische Menschen wohnen, am Fenster, unterm Spiegel, oder wo sonst Gesang- und Kochbücher zu liegen pflegen, zu finden sein, um aufgeschlagen zu werden in jedem Augenblick der Stimmung oder Unstimmung, wo man denn immer etwas Gleichtönendes oder Anregendes fände.»

Darin ist die Absicht der Sammlung genau erfasst: Es handelt sich um Gedichte für den täglichen Gebrauch. Wer sich in einer bestimmten Situation oder Gefühlslage befindet, soll im «Wunderhorn» ein Lied finden, das dieser Situation entspricht, das hilft, indem es die eigenen Gedanken ausdrückt, das durch den Klang auch stabilisiert und tröstet. So kann es zum Beispiel mit den zahlreichen Liedern geschehen, die von einer enttäuschten Liebe, einem verlassenen Jüngling oder Mädchen handeln. Dies ist eine universelle Situation, die es zu allen Zeiten und an allen Orten gibt, und deshalb eignet sie sich besonders gut für das Lied. Allerdings muss jede Zeit unter ihren Umständen und mit ihrer Sprache diese Erfahrung neu formulieren, und deshalb hat Goethe die Bearbeitung durch die Herausgeber, «das hie und da seltsam Restaurierte, aus fremdartigen Teilen Verbundene, ja das Untergeschobene», begrüßt.

Allerdings besaß das «Wunderhorn» auch eine politische Absicht. In den Jahren der Revolutionskriege und des Zerfalls des alten deutschen Reiches versuchte man, über die kulturelle Tradition eine Einheit herzustellen, die es politisch nicht gab. Die Verbindung des Volkslieds mit dem Begriff der Natur verstand man so, dass in diesen Liedern eine Wahrheit aufbewahrt sei, die aus einer Zeit vor den Konventionen der Zivilisation stamme. Schon Herder hatte vom «Chorus der Stimmen und Gemüter» gesprochen, eine Wiederherstellung alter Gemeinsamkeit erhofft.

Aber die fortdauernde ästhetische Wirkung des «Wunderhorn» ging nicht von Kollektiv-Liedern, sondern von der Ich-Artikulation aus. Die populären Liederzyklen des 19. Jahrhunderts, Wilhelm Müllers (1794–1827) «Die schöne Müllerin» und «Die Winterreise», die Vertonungen Eichendorffs und Heines durch Franz Schubert und Robert Schumann, die weltweit verbreitet sind, haben in «Des Knaben Wunderhorn» ihren Anfang. In der Gegenwart bearbeitet die Popmusik diese Bedürfnisse, die heute Verlassenen legen eine CD ein, die Lyrik hat sich aus diesem Feld zurückgezogen.

Clemens Brentano ist auch in seinem eigenen lyrischen Werk von der Liedtradition bestimmt. Deutlich wird dies an dem frühen Gedicht «Zu Bacharach am Rheine», in dem er als erster den Loreley-Mythos entfaltet. Wenn von einer «Zauberin» die Rede ist und undurchschaubare, magische Kräfte wirken, die die Menschen in ihrem Handeln bestimmen, dann entsprach dies Brentanos Lebensgefühl. Äußerlich und innerlich befand er sich in einer beständigen Bewegung. Außerordentlich suggestiv ist dies im Gedicht «Ein Fischer saß im Kahne» formuliert, in dem ein Junge mit seinem Boot Strophe um Strophe den Rhein hinabgetrieben wird. Begleitet wird er vom Traumbild einer Geliebten, das nicht fassbar ist und sich am Ende auflöst:

Sie schwimmen auf den Wellen
Hinab in tiefer Ruh',
Da zittert sie und wanket,
O Liebchen frierest Du?

Dein Hemdlein spielt im Winde,
Das Schifflein treibt so schnell;
Hüll' dich in meinen Mantel,
Die Nacht ist kühl und hell.

Es gibt weitere Eindrücke, die punktuell auftreten:

Und große Städte fliegen
An ihrem Kahn vorbei,
Und in den Städten klingen
Der Glocken mancherlei.

Da kniet das Mädchen nieder
Und faltet seine Händ'
Und seine hellen Augen
Es zu dem Himmel wendt.

Aber das bleiben Bilder, die vorbeifliegen, Erscheinungen, die der fahrende Knabe nicht festhalten kann. Die gesamte Umwelt ist transitorisch geworden.

So erging es Brentano, der von allen Orten und Lebensformen immer wieder fortgezogen wurde: «Wie sich auch die Zeit will wenden, enden / Will sich nimmer doch die Ferne», schrieb er, oder: «Kann der Ferne nie entgehn; / Kann die Nähe nie erlangen.» Dabei unternahm er immer neue Anläufe, um sich zu stabilisieren und eine Position zu finden, die nicht vom zeitlichen Wandel zerrieben werden konnte, keine perspektivische Begrenzung mit sich brachte. So verstand er die Liebe als Erlösung und setzte damit seine Frauen, vor allem Sophie Mereau, heftigen Turbulenzen aus. Er engagierte sich kurzzeitig in der Politik und betrieb mit anderen Autoren die Idealisierung Preußens.

Schließlich legte er 1817 eine Generalbeichte ab und verschrieb sein literarisches Werk ganz dem Dienst am christlichen Glauben. Damit fand er zwar eine vergleichsweise große Sicherheit, weil er sich als ein Medium im Offenbarungszusammenhang verstehen konnte. Aber auch aus seinem späten Leben gibt es Zeugnisse des wieder erwachenden Spotts, Bekenntnisse der nicht kontrollierten Psyche («Frühlingsschrei eines Knechtes aus der Tiefe»). Die alten Fragen brechen wieder auf: «Wo schlägt ein Herz das bleibend fühlt? / Wo ruht ein Grund nicht stäts durchwühlt»?

Was die Gedichte Brentanos miteinander verbindet, ist ihre hinreißende, rauschhafte, manchmal ausufernde, fast narkotisierende Musik. Gegenüber der Gattungstradition steigert Brentano den Einsatz klanglicher Mittel und erreicht durch Reimhäufung, zahlreiche Alliterationen und die Konzentration bestimmter Vokale eine Dominanz des Klanges gegenüber dem Inhalt. Der Leser weiß manchmal gar nicht mehr, wovon überhaupt die Rede ist. Bertolt Brecht (1898–1956) hat über gereimte und metrisierte Lyrik gesagt: «Das Gedankliche schwamm so auf Wogen einher», und genau dieser Eindruck entsteht beim Lesen Brentanos. Man wird eingelullt von «Der Spinnerin Nachtlied», in dem die leicht variierte Wiederholung einiger weniger Verse das Kreisen des Spinnrads abbildet. Man träumt mit dem lahmen Weber und der kranken Lerche vom vergangenen Glück, man folgt den Zauberformeln des Autors: «O Stern und Blume, Geist und Kleid, / Lieb', Leid und Zeit und Ewigkeit!», in denen eine Einheit ansonsten getrennter Bereiche behauptet wird:

Was reif in diesen Zeilen steht,
Was lächelnd winkt und sinnend fleht,
Das soll kein Kind betrüben,
Die Einfalt hat es ausgesäet,
Die Schwermut hat hindurchgeweht,
Die Sehnsucht hat's getrieben;
Und ist das Feld einst abgemäht,
Die Armut durch die Stoppeln geht,
Sucht Ähren, die geblieben,
Sucht Lieb', die für sie untergeht,
Sucht Lieb', die mit ihr aufersteht,
Sucht Lieb', die sie kann lieben,
Und hat sie einsam und verschmäht

Die Nacht durch dankend in Gebet
Die Körner ausgerieben,
Liest sie, als früh der Hahn gekräht,
Was Lieb' erhielt, was Leid verweht,
Ans Feldkreuz angeschrieben,
O Stern und Blume, Geist und Kleid,
Lieb', Leid und Zeit und Ewigkeit!

Mit *Joseph von Eichendorff* (1788–1857), der die Reflexionen und Ideen der älteren romantischen Autoren in vereinfachter Form übernehmen konnte und dem die exzessiven Anteile Brentanos fehlten, erreichte die Romantik Popularität, brachte Lieder für Menschen der Moderne hervor. Eine grundlegende Situation, die der Autor selber erlebt hat, die aber auch für das 19. und 20. Jahrhundert charakteristisch ist, findet sich im Gedicht «Abschied». Es handelt sich um eine Grenzsituation. Ein junger Mensch bricht aus der Welt seiner Kindheit auf, die damit verbundene Lebensphase ist beendet:

O Täler weit, o Höhen,
O schöner grüner Wald,
Du meiner Lust und Wehen
Andächt'ger Aufenthalt!
Da draußen, stets betrogen,
Saus't die geschäft'ge Welt,
Schlag' noch einmal die Bogen
Um mich, du grünes Zelt!

Eichendorff ist auf dem elterlichen Schloss Lubowitz in Schlesien groß geworden, wurde dort im katholischen Glauben erzogen, erlebte eine Welt, die noch von festen sozialen Strukturen und von den wiederkehrenden Abläufen der Natur bestimmt war. Hier hat er seine Überzeugungen erworben, und im Gedicht heißt es, dass im Wald «ein stilles, ernstes Wort» geschrieben steht. Dieses Wort handelt vom «rechten Tun und Lieben» der Menschen, und durch diese Botschaft wird das Wesen des Menschen «unaussprechlich klar». So gibt es die Idee eines richtigen und guten Lebens, die in einer Verbindung von Natur, Glauben und Kunst erfahren wird.

Der Sprecher weiß, dass die Welt der Städte, in die er kommen wird, anderen Gesetzen gehorcht. Auf deren «buntbewegten Gassen» findet ein «Schauspiel» statt, sodass der Substanz und Festigkeit der Kindheit nun der Scheincharakter und die Unruhe des Lebens in der Moderne gegenüberstehen. Deshalb wird am Ende der Vorsatz formuliert, in der neuen Phase an den bekannten Erfahrungen und Überzeugungen festzuhalten. So soll das alte Wort, das er im Wald gelesen hat, den «Einsamen erheben». Es stellt sich die Frage, ob das gelingen kann. Das Gedicht «Abschied» ist zuerst in dem Roman «Ahnung und Gegenwart» erschienen, in dem die Erlebnisse eines jungen Grafen Friedrich geschildert werden. In der Politik, mit den Frauen, in der Kunst erlebt er Enttäuschungen. Die Welt funktioniert anders, als er es sich vorgestellt hatte, und wenn er an seinen Prinzipien festhält, dann steht er damit allein und zieht sich am Ende des Romans in ein Kloster zurück.

Aber wie sieht ein gelingender Lebensweg aus, wie wird einem Menschen «klar», wohin er gehört? Diese Frage, die die Lyrik immer wieder umgetrieben hat, stellt Eichendorff mit romantischem Vorzeichen, wenn er im Gedicht «Die zwei Gesellen» («Frühlingsfahrt») einen Aufbruch zweier junger Männer darstellt. Sie ziehen in die «Klingenden, singenden Wellen / Des vollen Frühlings hinaus». Sie folgen damit sinnlichen Reizen, wollen aber auch «Was Recht's» in der Welt vollbringen, haben Ideale und Überzeugungen. Moderne Gesellen sind sie, weil ihr Lebensweg nicht fixiert ist, weil ihnen verschiedene Möglichkeiten der Selbstgestaltung offenstehen.

Dann trennen sich ihre Wege, und der erste landet in einem Familienzusammenhang, ist wirtschaftlich abgesichert, beendet die Lebensbewegung zugunsten einer festen Position: «Der wiegte gar bald ein Bübchen, / Und sah aus heimlichem Stübchen / Behaglich in's Feld hinaus.» Die anklingende Ironie wird auch in der Erwähnung der Schwiegermutter deutlich, die mit zum Familienpaket gehört. Solche Menschen überfällt dann gelegentlich die «Sehnsucht», wie es eins der schönsten Gedichte Eichendorffs sagt: Man muss dann nur in der Ferne ein Posthorn hören, und schon beginnt das Herz zu brennen, wünscht man sich heimlich, wieder aufzubrechen, in die Ferne zu gehen. Eichendorff war als Beamter tätig und sorgte für eine Familie.

Der zweite Geselle lässt sich nicht einengen, lebt seine Sehnsucht aus. Er folgt verlockenden «Sirenen», «buhlenden Wogen» und gerät in einen «Farbig klingenden Schlund». Gemeint ist damit ein Leben, das Naturkräften und Trieben gehorcht, sich in einer ziellosen Bewegung von einem Reiz zum nächsten befindet. Eichendorff kannte dieses Verlangen offenbar sehr gut, denn er spricht immer wieder von solchen «Stimmen im Grund», die den Menschen verlocken wollen, und malt entsprechende Reize, die auch sexuell aufgeladen sind, stark aus. Irgendwann aber ist der zweite Geselle alt, taucht aus dem Schlund auf, ist allein, steht ohne Trost und Hoffnung da. In der letzten Strophe nach diesen Schilderungen meldet sich ein Ich zu Wort:

Es singen und klingen die Wellen
Des Frühlings wohl über mir;
Und seh ich so kecke Gesellen,
Die Tränen im Auge mir schwellen –
Ach Gott, führ' uns liebreich zu Dir!

Derjenige, der hier spricht, weiß also, wie solche Aufbrüche enden, und seine Trauer zeigt, dass er beide Lebenswege für ein Scheitern hält. Aber wie soll man dann leben? Die Anrufung am Ende gilt Gott, aber was möchte denn dieser Gott von den Menschen, und warum zeigt uns der Autor kein Leben, das zu Gott führt, sondern nur das Misslingen?

Das hat auch mit der Unbestimmtheit der höchsten Wahrheit zu tun. Eichendorff ist ein überzeugter Christ, aber er weiß um die Bedingungen und Grenzen der menschlichen Erkenntnis und um die Vielfalt und Individualität der Überzeugungen. Die Romantik glaubt an die Notwendigkeit unbedingter Gültigkeiten, kann diese aber nicht mehr eindeutig formulieren und festlegen. Man kann sich noch auf ein letztes Ziel zubewegen, weiß aber nicht genau, wo es liegt und wie es aussieht.

Novalis hatte zu Beginn der Romantik geschrieben, dass unser Denken und Handeln auf einen «absoluten Grund» gerichtet sei. Dieses Verlangen nach einer Heimat könne nie endgültig gestillt werden, und daraus entstehe eine «unendliche Tätigkeit». Sie ist das «Einzig mögliche Absolute», das wir haben. Damit wird die Bewegung des Menschen zum Gottesbeweis. Bilder für diese philosophischen Überlegungen findet Eichendorff in seinem Gedicht «Mondnacht». In der Vertonung durch Robert Schumann stellt es einen Gipfel der Liedkunst dar:

Es war, als hätt' der Himmel
Die Erde still geküßt,
Daß sie im Blüten-Schimmer
Von ihm nun träumen müßt'.

Die Luft ging durch die Felder,
Die Ähren wogten sacht,
Es rauschten leis die Wälder,
So sternklar war die Nacht.

Und meine Seele spannte
Weit ihre Flügel aus,
Flog durch die stillen Lande,
Als flöge sie nach Haus.

Anfang und Ende stehen im Konjunktiv: Es ist nicht mehr möglich, wie in den alten Mythen zu sagen, dass der Himmel die Erde geküsst hat, aber auch gegenwärtigen Menschen darf es so vorkommen. Ob die Seele wirklich nach Hause fliegt, weiß man nicht, aber man darf es sich wünschen. Wie genau dieses scheinbar einfache Lied gebaut ist, zeigt sich an Details wie dem Enjambement nach dem Wort «spannte»: Das Öffnen der Flügel liegt in der Bewegung vom Versende zum Versanfang.

Entworfen wird in diesem Gedicht eine große Harmonie-Erfahrung. Dem Kuss von Himmel und Erde folgt in der zweiten Strophe die Verbindung der Luft mit den Feldern, um dann die ebenfalls in Bewegung befindlichen Wälder und schließlich den Nachthimmel in die Totale mit einzubeziehen. So wie die Grenzen zwischen dem Festen und der Luft aufgehoben, wie das Untere und Obere miteinander verbunden werden, so überlagern sich Hören und Sehen. Die Ich-Figur schließt sich der Bewegung der Natur an. Die Hoffnung, dass es eine wiederzufindende Heimat gibt, kann vom Leser verschieden gefüllt werden.

Diese «Mondnacht» lässt sich christlich deuten, sie kann naturphilosophisch verstanden oder einfach als Gefühlsaussprache gelesen werden. Aber auch eine skeptische Lektüre ist möglich; vielleicht ist der Konjunktiv am Ende ein Irrealis und die Heimat eine bloße Wunschphantasie.

5. Vom Vormärz bis zum Realismus

Noch mit einem Bein in der Romantik steht *Heinrich Heine* (1797–1856). Er hat bei August Wilhelm Schlegel (1767–1845) studiert, ihn beschäftigen die Fragen der Romantik, ihre Erlösungssehnsüchte, Zweifel, plötzlichen Intensitäten, ihr Schwanken zwischen Einheit und Verlorenheit. Ihre Lieder schreibt er weiter. Aber gleichzeitig kommt mit ihm eine neue Sprache in die Lyrik, verändert sich die Ich-Artikulation. Im Frühwerk, im «Buch der Lieder» (1827), sind es Liebesgedichte, die eine unerwartete Wendung nehmen:

Die Jahre kommen und gehen,
Geschlechter steigen ins Grab,
Doch nimmer vergeht die Liebe,
Die ich im Herzen hab.

Nur einmal noch möcht ich dich sehen,
Und sinken vor dir aufs Knie,
Und sterbend zu dir sprechen:
Madame, ich liebe Sie!

Der letzte Vers zerbricht die Atmosphäre, indem er vom «Du» zum «Sie» wechselt, die Geliebte als «Madame» anredet und «Sie» auf «Knie» reimt. So wird die vorher behauptete ewige Liebe zur Illusion, wird aus Nähe Distanz, schlägt das Pathos in Scherz um. Heine bedient sich hier und in seinem gesamten Werk der Ironie.

Ironisches Sprechen bedeutet, dass man eine Äußerung vornimmt und dieser gleichzeitig widerspricht, dass auf die Rede eine Gegenrede folgt, ohne dass man sagen könnte, welche Seite ins Recht gesetzt wird. Was ist wahr, die romantische Liebe oder der Witz? Beides, und aus diesem Wechselspiel geht das Feuerwerk des «Buchs der Lieder» hervor, wo «ästhetisch» auf «Teetisch» gereimt wird, wo die Frauen gepriesen, umkreist und beschützt werden («Du bist wie eine Blume»), um sie dann mit Spott und Attacken zu überziehen: «Aber dich und deine Tücke, / Und dein holdes Angesicht, / Und die falschen frommen Blicke – / Das erschafft der Dichter nicht.» Heine hat der deutschen Lyrik Tempo gegeben. Er kennt und liebt den romantischen Sehnsuchtsklang, aber er stammt aus der bürgerlichen Welt, in ihm spricht die Stadt, und er mokiert sich über «Philister in Sonntagsröcklein», die in der Natur nach Erfüllung suchen: «Mit langen Ohren saugen / Sie ein der Spatzen Lied.»

Der Philosoph Theodor W. Adorno (1903–1969) hat von der «Geläufigkeit und Selbstverständlichkeit» der Heine'schen Lyrik gesprochen, die sich dieser von der «kommunikativen Sprache» erborgt habe. Das ist kritisch gemeint, denn Heine fehle auch «heimatliche Geborgenheit». Adorno zielt damit auf Gedichte wie das folgende; auch von diesem gibt es eine Schumann-Vertonung, die das Zusammenspiel von Parlando, Witz und Schmerz genau abbildet:

Ein Jüngling liebt ein Mädchen,
Die hat einen andern erwählt;
Der andre liebt eine andre,
Und hat sich mit dieser vermählt.

Das Mädchen heiratet aus Ärger
Den ersten besten Mann,
Der ihr in den Weg gelaufen;
Der Jüngling ist übel dran.

Es ist eine alte Geschichte,
Doch bleibt sie immer neu;
Und wem sie just passieret,
Dem bricht das Herz entzwei.

So redet man mit Freunden über Liebesgeschichten («der andre liebt eine andre»), aber die Sprache des Alltags ist gereimt und rhythmisiert, wobei allerdings Alternationen und Doppelsenkungen wechseln, was die Spontaneität der Rede unterstützt. Scheinbar achtlos werden unschöne Formulierungen gewählt («ist übel dran»), aber gerade diese Entpoetisierung und dieses neue Sprachmaterial geben der Liebeslyrik wieder Kraft und Intensität. Die alte Geschichte muss immer wieder neu erzählt werden, zum Beispiel so, dass der unreine Reim von «neu» und «entzwei» das Zerbrechen der Liebe abbildet.

Noch etwas kommt hinzu: Heine schildert die Liebe, ihr Kommen und Gehen, als absurdes Spiel ohne Sinn und Verstand. Die Wortwiederholungen («andern», «andre», «andre») zeigen dies ebenso wie die Wendung, dass ein Mädchen «aus Ärger» irgendeinen Mann heiratet. Auch hier erkennt man die Veränderung der Weltwahrnehmung. Die Autoren der Goethezeit hatten auch gegen eigene Widerstände versucht, Ursachen und Ziele, Sinn und Absicht in den Geschehnissen der Welt zu erkennen. Heine lässt sich auf die Kontingenz, die Nicht-Notwendigkeit und den Zufall ein.

Im Gedicht «Mein Herz, mein Herz ist traurig» steht ein Mensch auf einer alten Festung, an eine Linde gelehnt, und blickt über die Landschaft. Er sieht einen Knaben im Kahn, «Lusthäuser, und Gärten, und Menschen, / Und Ochsen, und Wiesen, und Wald». Er sieht Mägde, die im Gras herumspringen, bis sein Blick zurück zur Bastei geht, wo ein Soldat mit funkelnder Flinte steht: «Er präsentiert und schultert – / Ich wollt, er schösse mich tot.» Woher kommt diese Idee? Man kann einige Anhaltspunkte im Gedicht finden. Hinter der Heiterkeit ist die Welt von Kontrolle und Gewalt geprägt, die Natur ist zivilisiert und geordnet, die Menschen gehen ihren immer wiederkehrenden Verrichtungen nach. Aber das erklärt nicht den Wunsch, totgeschossen zu werden. Heine kennt Gefühle ohne Grund, die plötzlich da sind, ein bodenloses Innenleben, das sich der Kontrolle entzieht, Intensitäten, die wieder verdampfen.

Natürlich ist er auch ein politischer Dichter. Während die Autoren der Goethezeit in ihren Utopien eine gewisse Unempfindlichkeit gegenüber individuellen Freiheitswünschen an den Tag legten, ist für Heine Freiheit nicht verhandelbar, eben ein wirklicher Grundwert. Das satirische Erzählgedicht «Deutschland. Ein Wintermärchen» (1844) attackiert Enge, Rückständigkeit, Kontrolle und Trübsinn in Preußen nach dem Wiener Kongress und vor der Revolution von 1848. Im Kampf für die

Durchsetzung von Selbstbestimmung und sinnlicher Lebenserfüllung ist es ein Credo geworden.

Aber auch in den politischen Texten wirkt die Ironie weiter. Im Gedicht «Anno 1839» werden Frankreich, wo Heine seit 1831 lebte, und Deutschland, wohin er sich zurücksehnt, verglichen. Frankreich wird als Land des Verstands, der Konventionen, der Frauenemanzipation und der gesellschaftlichen Mobilität kritisiert: «Und alles dreht sich hier im Kreise». Deutschland wird als Land der «Glaubensglocken», der natürlichen «Grobheit», der schweigenden «Frauenzimmer» und der festen, überschaubaren Verhältnisse gelobt: «Bei uns bleibt alles hübsch im Gleise.» Kritik und Lob sind natürlich gebrochen, denn unter den deutschen Verhältnissen hatte Heine gelitten und die französischen gaben ihm Freiheit, aber die Deutschland-Sehnsucht ist andererseits auch wahr, schon deshalb, weil Heines Werk in der deutschen Literaturtradition wurzelt. Die Ironie bringt Widersprüche im Geschichtsverlauf und im Menschen zum Ausdruck. Heine schätzt die Freiheit der Moderne und trauert gleichzeitig dem alten Europa nach.

Dass die Ironie nicht einfach dem Spott dient, sondern ein Ringen um Wahrheit ausdrückt, zeigt sich im Spätwerk, das die vielleicht eindrucksvollsten Gedichte enthält. Hier inszeniert der lange Jahre schwerkranke Autor ein Spiel mit den ernstesten Dingen, denkt über Sinn und Ordnung der Welt nach: Leib und Seele trennen sich in einem ebenso komischen wie traurigen Dialog voneinander. Eine Frau stellt an die Schöpfung die Frage, warum der Penis des Mannes gleichzeitig als «Hochaltar der Minne» und als «ganz gemeine Rinne» diene. Der in seiner «Matratzengruft» Daliegende sieht die Zeit als «schauderhafte Schnecke» langsam dahin kriechen. Aber er hört auch den Tod näher kommen, und auch ihm gibt Heine noch den passenden Rhythmus: «Das ist der böse Thanatos, / Er kommt auf einem fahlen Roß; / Ich hör den Hufschlag, hör den Trab, / Der dunkle Reiter holt mich ab».

Besonders anrührend ist die immer wieder ausgesprochene Sorge um die eigene Frau, Mathilde. Dass er sie allein zurücklassen muss, macht ihn verrückt vor Angst, und er ruft die

Engel an, die auf sein «Weib», sein «Kind» aufpassen sollen. Er stellt sich die Zeit nach seinem Tod vor. Weder wird an seinem Sterbetag eine christliche Messe gesungen noch ein jüdisches Gebet gesprochen; zu keiner Religionsgemeinschaft gehörte er wirklich. Er hat nur die Hoffnung, dass sich seine Frau, wenn «das Wetter schön und milde» sein sollte, zu einem Spaziergang aufmacht, um sein Grab zu besuchen. Sie bringt ihm Immortellen und hat «feuchte Wehmuth in den Blicken».

Leider wohn' ich viel zu hoch,
Und ich habe meiner Süßen
Keinen Stuhl hier anzubieten;
Ach! sie schwankt mit müden Füßen.

Süßes, dickes Kind, du darfst
Nicht zu Fuß nach Hause gehen;
An dem Barrière-Gitter
Siehst du die Fiaker stehen.

Jene Spannungen der Moderne, denen die Autoren der Goethezeit noch versöhnende Utopien abgerungen hatten und die Heine mit Ironie umspielt, treten bei *Annette von Droste-Hülshoff* (1797–1848) in großer Deutlichkeit hervor. Sie gehörte dem westfälischen Adel an, aber sie wusste, dass die Zeit des Adels abgelaufen war. Sie suchte in der unveränderlichen Natur nach einer Botschaft und kannte die ernüchternden Ergebnisse der Naturwissenschaft. Sie schrieb geistliche Gedichte, aber die Religionskritik nagte an ihrem Denken. Sie lebte der zeitgenössischen Frauenrolle entsprechend und verwünschte die Enge, die daraus hervorging.

So ergeben sich heftige Spannungen im Selbstverständnis, die allein durch die strenge Form, die sie ihren Gedichten gibt, niedergehalten werden können. Aber die Kämpfe schlagen in der Form durch, denn hier gibt es nirgends den Wohlklang und die Eleganz Heines, hier arbeitet und kämpft die Metrik, rumoren die Konsonanten. Schauplatz fast aller Gedichte ist die Natur, oft sind es Moorlandschaften, oft ist es dunkel, und fast immer sind ihre Gedichte lang, bestehen aus Beobachtungen und Gedankengängen, die unerwartet umschlagen und die Richtung wechseln.

Im Gedicht «Im Moose» liegt ein Mensch im Wald, sieht durch einen Baumwipfel ein Licht und erkennt, dass dies die Lampe des eigenen fernen Zimmers ist, die entzündet wurde. Dann gerät die Umgebung in den Blick:

> Ringsum so still, daß ich vernahm im Laub
> Der Raupe Nagen, und wie grüner Staub
> Mich leise wirbelnd Blätterflöckchen trafen.

Das Nagen der Raupe hat vorher noch kein Lyriker gehört, und so verbindet sich eine geschärfte Wahrnehmung für die Einzelheiten mit einem allegorischen Bewusstsein, denn das Nagen steht für das Vergehen der Zeit und jener Welt, zu der Droste-Hülshoff gehörte. Einem solchen Bewusstsein werden Blätterteile zu «grünem Staub». Im Fortgang des Gedichts bewegt sich das Ich, das keinen festen Kern besitzt, durch die Zeit, gerät in die Vergangenheit, verschwindet in einem «Schlund», taucht plötzlich im Land der Zukunft auf. Sie sieht sich selber im Alter, «geschwächten Auges, am ererbten Schrein / Sorgfältig ordnen staub'ge Liebespfande». Am Lebensende liegt sie «mit gebrochnen Knieen» betend auf dem Boden: «Und noch zuletzt sah ich, gleich einem Rauch, / Mich leise in der Erde Poren ziehen.» Da bändigt die Metrik die schauderhafte Phantasie, aus der sich das visionäre Ich schließlich taumelnd nach Hause rettet.

Ein solches Zuhause formulierte Droste-Hülshoff in ihren geistlichen Gedichten. Darin gibt das Kirchenjahr dem Individuum eine zeitliche Struktur, ist das Leben zielgerichtet, lassen sich Begriffe wie Schuld und Hoffnung verbindlich füllen. Aber wie bei Clemens Brentano schlagen auch bei ihr die Unsicherheit, der Zweifel und die Bodenlosigkeit immer wieder durch. Sie wird bis zur Ich-Spaltung getrieben, wie das Gedicht «Das Spiegelbild» zeigt, in dem sie ihre Augen erst als «Nebelball» bezeichnet, dann als verbleichende Kometen. In ihrem Gesicht erkennt sie zwei Seelen, die sich «umschleichen». Sie bewundert ihre Stirn, empfindet aber auch Angst vor ihr. Zwischen Rührung und Grauen wird sie hin- und hergetrieben:

Und was den Mund umspielt so lind,
So weich und hülflos wie ein Kind,
Das möcht in treue Hut ich bergen;
Und wieder, wenn er höhnend spielt,
Wie von gespanntem Bogen zielt,
Wenn leis' es durch die Züge wühlt,
Dann möcht ich fliehen wie vor Schergen.

Das Gefühl, keinen richtigen Platz in der Welt zu finden, teilt sie mit vielen Zeitgenossen. Und weil die großen Ordnungssysteme fehlen, treten die Einzelheiten der Welt in neuer Deutlichkeit hervor.

Dies gilt auch für *Eduard Mörike* (1804–1875). Er kennt noch die Projekte der Klassiker und Romantiker: die Idee einer neuen, von der Kunst gestifteten Mythologie, die Hoffnung auf eine ästhetische Integration der differenzierten Gesellschaft, auf eine Versöhnung der verschiedenen Bestandteile des Menschen. Aber er sieht auch, dass die Realgeschichte sich in eine andere Richtung bewegt hat. Wo die Autoren vor ihm räumlich und zeitlich weit ausgriffen, da zieht er sich auf kleine, ihm bekannte überschaubare Landschaften zurück. Zustände der Einheit sind nur noch in kurzen Momenten erfahrbar, in fernen Phantasiegegenden und vor allem in der Erinnerung. Gegen die Traumverlorenheit und den Weltschmerz muss er immer wieder angehen, sich selbst ermahnen, nicht nur die Verluste zu betrachten. Die lyrische Form ist auch für ihn ein Korrektiv, geradezu ein Protest gegen die Zivilisation und ihre Schattenseiten. Sein Formenspektrum ist außerordentlich reichhaltig, aber auch in seiner Musikalität sind Spannungen spürbar.

So beschreibt Mörike eine «schöne Buche», zu der er auf einem Spaziergang gelangt, in antiken Distichen und markiert damit eine Distanz zur Gegenwart: Eine schwäbische Buche erscheint in griechischen Versen. Die Beschreibung der Buche und ihrer Umgebung geschieht außerordentlich suggestiv, denn der gesamte Raum wird von ihr konzentrisch zusammengehalten. Die Welt ist ein Kreis, sie besitzt Zusammenhalt, jedes Element dieser Naturlandschaft hat eine Funktion. Im Umkreis dieser Buche sind sakrale Erfahrungen möglich, ist die profane Außenwelt vergessen, wie es der Schluss formuliert: «Eingeschlossen mit dir in diesem sonnigen Zauber-/Gürtel, o Einsamkeit, fühlt' ich und dachte nur dich!» Das kühne Enjambement vollzieht das Schließen dieses Gürtels. Die großen Hoffnungen der Vorläufer sind einmal realisiert – in einem glücklich abgelegenen Teil der Welt. Die Buche ist Symbol einer Ordnung, wie sie sein sollte, während die Realität auseinanderdriftet, von Zusammenhanglosigkeit und Kontingenz bestimmt ist.

Mit diesem Gefühl, in einer Übergangszeit zu leben, dem Verschwinden alter Ordnungen zuzusehen, hängt die Vorliebe Mörikes für Schwellensituationen zusammen. Wieder bringt der Blick für die Einzelheiten lyrische Intensität hervor. Im Gedicht «Das verlassene Mägdlein» führt Mörike einen psychischen Prozess in großer Genauigkeit vor. Eine junge Frau steht auf, ist noch schläfrig. Sie spürt ein Gefühl der Trauer, das aber noch unbestimmt ist, bis ihr plötzlich der Grund des Leidens wieder einfällt. Dieses Lied ist mit absichtsvollen Unregelmäßigkeiten versehen, die den inneren Vorgängen Natürlichkeit geben:

> Früh, wann die Hähne krähn,
> Eh' die Sternlein verschwinden,
> Muß ich am Herde stehn,
> Muß Feuer zünden.
>
> Schön ist der Flammen Schein,
> Es springen die Funken;
> Ich schaue so drein,
> In Leid versunken.
>
> Plötzlich, da kommt es mir,
> Treuloser Knabe,
> Daß ich die Nacht von dir
> Geträumet habe.
>
> Thräne auf Thräne dann
> Stürzet hernieder;
> So kommt der Tag heran –
> O ging' er wieder!

Die letzte Strophe geht über das Individuelle hinaus. So wie hier kein Ich mehr redet, sondern ein Betrachter von außen, so entspricht der Ausruf «O ging' er wieder!» einem verbreiteten Lebensgefühl in der Mitte des 19. Jahrhunderts.

Die Zeit von 1850 bis etwa 1890 ist für die Lyrik eine Phase der Ruhe, in der die neuen Ansätze fehlen. In dieser Zeit entsteht eine große Menge politischer Lyrik, sei es aus nationaler, aus republikanischer oder sozialistischer Sicht. In solchen Texten wird oft eine Gruppenbildung vorgenommen, spricht ein Kollektivsubjekt, das eigene Überzeugungen formuliert und sich von konkurrierenden Positionen abgrenzt. Man greift dabei auf die erste Welle politischer Lyrik zurück, die es während der Befreiungskriege gegen Napoleon gegeben hatte. Aus heutiger Sicht sind die Texte von *Ferdinand Freiligrath* (1810–1876), *Georg Herwegh* (1817–1875) oder *August Heinrich Hoffmann (von Fallersleben)* (1798–1874) vor allem politik- und mentalitätsgeschichtlich von Interesse.

In den Jahren vor der Revolution von 1848 entstehen immer wieder Gedichte, die die Ruhe und Saturiertheit der Deutschen beklagen. Andere Völker sind vom Revolutionsgeist ergriffen, aber Deutschland zögert und zaudert. «Deutschland ist Hamlet! Ernst und stumm / In seinen Toren jede Nacht / Geht die begrabne Freiheit um / Und winkt den Männern auf der Wacht», klagt Freiligrath. Hoffmann schreibt ein ironisches Schlaflied an sein Volk: «Schlafe! was willst du mehr?» Aber die Lyrik dieser Zeit gibt auch erstmals Bilder von Armut, Ausbeutung und sozialer Ungerechtigkeit. Es erscheinen Arbeiter und Handwerkerinnen, die Industrie wird zum Thema, sowohl als Verheißung wie auch in ihrem Menschenverbrauch. Das Gedicht wird zum Kampflied: Der deutsche Bürger soll nicht von Italien träumen oder sich in den Wolken bewegen, sondern hier und jetzt für die Menschenrechte kämpfen. Die Lyrik soll nicht aus der Distanz die Welt schönreden, sondern nahe herangehen und Partei ergreifen. Noch heute im Gebrauch ist «Das Lied der Deutschen», das Hoffmann (von Fallersleben) geschrieben hat. Dessen dritte Strophe darf man als Nationalhymne ruhig laut singen: Neben der «Einigkeit» stehen gleichwertig das «Recht» und die «Freiheit».

Der in der zweiten Hälfte des 19. Jahrhunderts literarisch dominante Realismus war vor allem in der Erzählliteratur produktiv. Seine Poetik der Verklärung, die das Notwendige, Zusammenhängende und Sinnvolle in der Realität sichtbar machen wollte, das sonst von Unordnung und Hässlichkeiten überlagert ist, hat aber auch die Lyrik der Zeit geprägt. Oft vollzieht sich diese Reinigung auf das Wesentliche allerdings in einer einfachen Abkehr von den Städten, von der neuen Technik, von der Vielfalt der Meinungen und Lebensstile. Man sucht dann die scheinbar vom Menschen unabhängige Natur und gerät in eine unreflektierte Idylle, wobei die Formensprache der Goethezeit ästhetisch herabgemildert fortgesetzt wird.

Wie immer gibt es Ausnahmen, von denen vor allem *Theodor Storm* (1817–1888) zu nennen ist. Auch er beginnt als Dreißigjähriger mit einem Gedicht, das «Abseits» heißt und eine Heidelandschaft beschreibt. Dort befindet sich ein halbverfallenes niedriges Haus, vor dem ein Kätner steht und in die Sonne blinzelt, während sein Sohn sich Pfeifen schnitzt. Aber so wie durch die Mittagsruhe ein Schlag der entfernten Dorfuhr «zittert», so ist im Gedicht das Wissen um das Vergehen dieser ländlich unberührten Lebensform enthalten: Das Bild ist kurz vor seinem Ende aufgenommen.

Storms Lyrik ist reflexiv, sie ist aber auch konkret, denn sie wurzelt entschieden in der norddeutschen Küstenlandschaft, und sie bringt die Formsprache der Klassik und Romantik noch einmal zum Klingen. Das geschieht im Gedicht «Die Stadt», in der die Heimatgefühle eines Menschen für einen unscheinbaren, weder schönen noch spektakulären Ort festgehalten sind. Auch wenn die Stadt am grauen Strand liegt, der Nebel auf sie drückt, nur die «Wandergans mit hartem Schrei» vorbeifliegt, so ist es doch die Stadt der Kindheit, die durch nichts zu ersetzen ist. Die Stärke der Erinnerung und der Sehnsucht, die sich daraus ergeben, drückt Storm mit einem konzentrierten Einsatz von Reimen und Wortwiederholungen aus:

Doch hängt mein ganzes Herz an dir,
Du graue Stadt am Meer;
Der Jugend Zauber für und für

Ruht lächelnd doch auf dir, auf dir,
Du graue Stadt am Meer.

Immer wieder setzt Storm Kräften der Veränderung Naturzustände entgegen, von denen er sagen kann: «So war es immer schon.» Das Gedicht «Meeresstrand» beginnt mit dem metrisch und syntaktisch abgebildeten Flug einer Möwe ans Ufer, um am Ende Stimmen zu hören, «die über der Tiefe sind». Dahinter steht eine Naturmetaphysik, die unbestimmter bleibt als in der Goethezeit. Immer wieder werden Vitalität und Lebensfülle behauptet: «So lang du lebest, ist es Tag.» Aber Storm stellt sich in seinen Werken auch intensiv dem Tod, und in dem faszinierenden, lyrikgeschichtlich neuen Gedicht «Geh nicht hinein» zerschlägt ihm der Tod die Liedform. Es geht um einen gerade gestorbenen jungen Menschen, und der Sprecher bewegt sich auf den Tod zu: in einer übergenauen Beschreibung von Wohnräumen, in langen, immer wieder von Einschüben unterbrochenen Sätzen, in Ausrufen, in Zitaten, in der Anrede an ein Du und in der schonungslosen Erinnerung an die letzten Momente des Jungen. Dann geht ihm die Sprache aus:

Dort, wo er gelegen,
Dort hinterm Wandschirm, stumm und einsam liegt
Jetzt etwas – bleib! Geh nicht hinein! Es schaut
Dich fremd und furchtbar an; für viele Tage
Kannst du nicht leben, wenn du es erblickt.

«Und weiter – du, der du ihn liebtest – hast
Nichts weiter du zu sagen?»
Weiter nichts.

Als Lyriker der zweiten Hälfte des 19. Jahrhunderts sind daneben *Gottfried Keller* (1819–1890) und *Conrad Ferdinand Meyer* (1825–1898) zu nennen. Zu Recht bekannt ist immer noch Meyers Ballade «Die Füße im Feuer», wie überhaupt im Realismus hervorragende Balladen entstehen; man denkt da natürlich an *Theodor Fontanes* (1819–1898) «Herr von Ribbeck auf Ribbeck im Havelland». Meyer gibt der Balladendichtung neue Impulse: Er erhöht die Dynamik der Handlung, die Ballade bekommt ‹thrill›: «Zwei Füße zucken in der Glut.» Vor allem aber verfeinert er die Psychologie. Die Gedanken und Gefühle der Hauptfigur werden in großer Genauigkeit dargestellt, unter anderem in inneren Monologen. Die Grenzen zwischen Vergangenheit und Gegenwart verschwimmen, es kommt zu harten Übergängen zwischen Traum und Realität, die Situationen wechseln in hohem Tempo.

Ebenso berühmt ist Meyers Gedicht «Der römische Brunnen». In meisterhafter Handhabung von Rhythmik und Versfolge wird hier die Bewegung des Wassers in einem Brunnen geschildert, von der oberen in eine mittlere zu einer unteren Marmorschale:

Aufsteigt der Strahl und fallend gießt
Er voll der Marmorschale Rund,
Die, sich verschleiernd, überfließt
In einer zweiten Schale Grund;
Die zweite gibt, sie wird zu reich,
Der dritten wallend ihre Flut,
Und jede nimmt und gibt zugleich
    Und strömt und ruht.

Das Gedicht ist ebenso vollkommen wie der Brunnen selbst, aber diese Vollkommenheit gibt es, das sagt Meyer auch, nur noch im Kunstwerk. Das Nehmen und gleichzeitige Geben, die Verbindung von Bewegung und Ruhe – das sind Ideale der Lebensführung, des Umgangs von Menschen miteinander. Aber darstellen lassen sie sich nur noch in der Beschreibung eines Artefakts, das zudem in die Vergangenheit zurückweist.

Problematisch ist auch das Verhältnis zur Natur geworden. In dem Gedicht «Schwüle» wird eine Abendsituation voll dumpfer Trauer beschrieben, aus der nur der Anblick der Sterne retten kann: «Sterne, warum seid ihr noch nicht da?» Dreimal muss nach den Sternen gerufen werden, die das Ich aus seiner Depression reißen, ihm Stabilität geben können. Eine selbstverständliche Beziehung zwischen dem Subjekt und seiner Umwelt existiert nicht mehr. Die Sterne dienen auch nicht mehr als Transzendenzzeichen. Das Leben ist eine kurze Strecke zwischen einem Dunkel am Anfang und einem Dunkel am Ende, und eine Deutung ist kaum möglich, es bleibt «ein unverständlich Murmeln». «Nichts das mich verdroß! Nichts das mich freute!», der Realist sitzt in einem «Spätboot».

Auch Gottfried Keller lebt deutlich in einer Phase nach den Geschichtshoffnungen: «Die Zeit geht nicht, sie stehet still, / Wir ziehen durch sie hin; / Sie ist ein Karawanserei, / Wir sind die Pilger drin.» Die Welt ist nicht von einer übergeordneten Instanz mit Sinn versehen, sondern «form- und farbenlos», gewinnt Gestalt nur durch das Bewusstsein und das Handeln des Menschen. Momenthaft werden Schönheit und Zusammenhang erlebt, aber dem entgegen steht die Drohung der Melancholie: Hundert Jahre können ein «Nichts» sein.

Wo die Unsterblichkeit ein Trugbild ist, da lernt man von der blühenden Lilie, dass man wie sie «vergehen muß». Im Gegenzug wird dann wiederum an die Intensität des Lebensgenusses appelliert: «Trinkt, o Augen, was die Wimper hält, / Von dem goldnen Überfluß der Welt!» Kellers Lyrik ist reflexiv und überpersönlich: Das melancholische und den Schein der Welt feiernde Ich, das von Utopien und Teleologien Abstand genommen hat, ist der typische Zeitgenosse. Kellers Skepsis und Meyers Ästhetizismus weisen auf die Jahrhundertwende voraus. Dort kommt es zu einem neuen Anlauf, entstehen große lyrische Gebilde, erfindet man in Gedichten wieder eine Welt.

6. Das späte 19. und frühe 20. Jahrhundert

Die Zeit von etwa 1890 bis 1933, bis zu jenem Einschnitt, den die nationalsozialistische Herrschaft für das Denken und Schreiben darstellt, hat eine große Fülle und Verschiedenheit lyrischer Begabungen hervorgebracht. Gottfried Benn und Bertolt Brecht sind wohl die wichtigsten Autoren. Zu einer älteren Generation gehören Stefan George und Rainer Maria Rilke, die einer Kunstvorstellung folgen, wie sie Friedrich Nietzsche (1844–1900) formuliert hatte: Kunst als «die eigentlich metaphysische Thätigkeit des Menschen». Andere konnten kein umfangreiches lyrisches Werk schaffen. Einige starben jung (Ernst Stadler, Georg Heym, August Stramm, Georg Trakl), manche hatten mit starken psychischen und gesundheitlichen Schwierigkeiten zu kämpfen (Else Lasker-Schüler, Jakob van Hoddis), wandten sich von der Lyrik ab (Hugo von Hofmannsthal) oder blieben einer einmal gefundenen Sprache verhaftet (Arno Holz, Oskar Loerke).

So auffallend wie die Brüchigkeit der Lebensläufe ist die Differenz der Formen: Was hat Rilkes andachtsvolles Umkreisen der Erscheinungen mit dem alles verwirbelnden Witz von Schwitters zu tun? Wie verhalten sich Benns zynische Sektionen zu Georges Ankunft eines neuen Gottes? Ist Brechts «Lesebuch für Städtebewohner» nicht einfach das Gegenteil von Oskar Loerkes «Pansmusik»?

Es gibt jedoch auch Gemeinsamkeiten in dieser Vielfalt. Die besonders produktiven Autoren zeichnen sich durch eine hohe Reizbarkeit und Irritationsfähigkeit aus. Die rasanten Veränderungen ihrer Umwelt nehmen sie wahr, reagieren darauf, bringen neue lyrische Formen und neue Ich-Konzepte hervor. Denn die Zeit des späten 19. und frühen 20. Jahrhunderts ist von einem harten Modernisierungsschub bestimmt: Die Städte wachsen, die Industrie breitet sich aus, den Menschen wird Mobilität ermöglicht und abverlangt; die Religion wird in ihrer Bedeutung als Integrationskraft weiter geschwächt; Wahrheit geht aus der Konkurrenz der Ansichten hervor; das Recht, anders zu sein und zu leben, setzt sich durch.

In der Literatur werden solche Prozesse als Destabilisierung einer alten Ordnung beschrieben. Es kommt zu intensiven Wahrnehmungen der Zersplitterung, zur Feier neuer, ungezügelter Freiheiten, zu Experimenten mit der Ich-Identität. Aber man entwirft in der Literatur auch neue gesellschaftliche Systeme, erträumt sich eine neue Notwendigkeit, aus der das Leben hervorgeht, ein modernes ‹Muss›, das die Handlungen des Menschen bestimmt. So entstehen Gegenreiche zur Moderne. Diese Versuche der Restabilisierung sind teilweise religiös begründet, schließen sich an wissenschaftliche, aber auch an esoterische Thesen an oder sind ästhetizistisch motiviert, wollen die Welt mit und in der Kunst erlösen. Aber nicht wenige Autoren gelangen mit ihrem Wahrheits-Furor auch in das Umfeld totalitärer Politik, haben Anteil an den Verirrungen dieser Zeit.

Stefan George (1868–1933) setzte einer Welt, die er als ungeordnet, zerfließend und vielstimmig ansah, die strenge Form und das strukturierte Werk entgegen. In seinen frühen Gedichten zog er sich aus der Gegenwart zurück, begab sich in der Phantasie in antike und mittelalterliche Welten, deren Reste er in seiner rheinischen Heimatlandschaft fand. Er betrieb ein Maskenspiel, identifizierte sich mit der Figur des spätantiken Kaisers Algabal, träumte von großen Kämpfen statt modernen Kompromissen und von einer Gesellschaft, die in Schönheit und symbolischer Pracht lebte. Aber sein Kaiser war melancholisch, und ein reflexiver Zug, der Georges ganzes Werk kennzeichnet, tritt schon in den ersten Gedichten hervor. Er wusste immer, dass seine Gegenwelten Erfindungen waren, die aus einem einsamen Bewusstsein hervorgingen.

In seinem erfolgreichsten Gedichtband mit dem Titel «Das Jahr der Seele» (1897) begibt er sich zwar in die Gegenwart, aber sein bevorzugter Raum ist der Park, also ein Rückzugsraum in der Stadt. Diese Gedichte, von denen das bekannteste mit der Aufforderung «Komm in den totgesagten park und schau» beginnt, folgen der Liedform. Doch sind die Verse länger als üblich, weisen fünf Hebungen auf, was dem ruhigen, oft elegischen Duktus entspricht. Sie sind aus einer Position des nahenden Endes formuliert. Es ist Herbst, reife Früchte «klopfen» an den Boden, «die wehende saat ist wie gold noch», wenn auch nicht «so hoch mehr und reich». Man ermahnt sich, nicht an ein Glück zu denken, das den Kindern der Zivilisation verwehrt ist. Es gibt gelegentliche Erfüllungen, aber das sind nur Momente: «Der reinen wolken unverhofftes blau / Erhellt die weiher und die bunten pfade.»

Um die Jahrhundertwende kommt es zu einer Neuorientierung: Der Elegiker begibt sich in die gesellschaftlichen Kämpfe. Er versammelt eine kleine Gruppe von Menschen um sich, den sogenannten George-Kreis. Hier findet eine ästhetische Erziehung statt, die aus der Elite in größere gesellschaftliche Zusammenhänge hineinwirken soll. Im Kreis gelten strenge Verhaltensformen, gibt es Rituale, existieren Abhängigkeitsverhältnisse zwischen den Jüngern und George, der eine starke psychische Wirkung auf Menschen entfalten konnte.

Viele seiner Gedichte widmen sich jetzt der Bedeutung des Kreises, andere sind mit der Verkündung eines neuen Gottes («Maximin») beschäftigt, den George in einem jungen Mann aus München zu erkennen glaubte, wieder andere betreiben eine aggressive Zeitkritik. Da finden sich Beschwörungen eines neuen Zentrums («Wer je die flamme umschritt / Bleibe der flamme trabant!»), apokalyptisch-lustvolle Untergangsszenarien und ungehemmte Machtphantasien. Auch die Formensprache der Gedichte verändert sich. George verzichtet auf den Reim, der Satzbau wird komplexer, die Sprache ist konsonantisch-hart, der Duktus fragend, fordernd, stockend.

Am Ende seines Werkes steht der 1928 erschienene Gedichtband «Das Neue Reich», dessen Schluss wiederum Lieder bilden. Hier tritt der Prophet zurück. Es geht um eine Welt, die man nicht fassen und nicht steuern kann. Das Unvorhergesehene wird als Verlebendigung begriffen. Das Ich lebt von dem kurzen Anblick eines Kindes, das manchmal am Strand vorbeigeht. Wenn man fragt, was von George heute bleibt, dann sind es sicher solche Lieder. Eines von ihnen, das aus dem «Jahr der Seele» stammt, besitzt Bedeutung für die Zeitkritiker und Melancholiker des 20. Jahrhunderts, weil es ihre Trauer um Verluste teilt, aber ihnen auch sagt, dass die Feuerstellen der Vergangenheit erloschen sind; man soll ins Offene treten, sich den Ungreifbarkeiten des historischen Wandels stellen:

Ihr tratet zu dem herde
Wo alle glut verstarb ·
Licht war nur an der erde
Vom monde leichenfarb.

Ihr tauchtet in die aschen
Die bleichen finger ein
Mit suchen tasten haschen –
Wird es noch einmal schein!

Seht was mit trostgebärde
Der mond euch rät:
Tretet weg vom herde ·
Es ist worden spät.

So wie George wurde auch *Rainer Maria Rilke* (1875–1926) im 20. Jahrhundert nicht nur gelesen, sondern verehrt. Es gab und gibt Leser, die an seine Gedichte regelrecht glauben, ihre religiösen Wünsche in ihnen erfüllt finden. Tatsächlich besitzen beide Autoren eine christliche Basis, aus der sie eine ästhetische Religion entwickeln. Wie dies geschieht, lässt sich in einem frühen Werk, im «Stunden-Buch», erkennen. Der Titel bezieht sich auf mittelalterliche Gebetbücher, bezeichnet damit den Gebrauchscharakter des Buches. Die Gedichte sollen in den konkreten Lebensvollzug eingebunden werden, Bedeutung für das Denken und Handeln besitzen. Sie sprechen von Gott, den sie in immer neuen Anläufen umkreisen.

Dieser Gott soll einerseits im Sinn der Metaphysik wirklich existieren, weil der Mensch nach Rilkes Meinung einen solchen höchsten Bezugspunkt braucht; aber dieser Gott ist gleichzeitig von den Menschen mit hervorgebracht, sie bauen an ihm, wie man einen Dom baut. Gibt es diesen Gott oder ist er eine Erfindung? Diese Entweder-oder-Frage beantwortet Rilkes Werk bis zuletzt nicht. Gott erscheint im «Stunden-Buch» als Nachbar, aber man weiß nicht genau, ob da überhaupt noch ein Nachbar wohnt. Schon hier ist das besondere Fließen der Sprache zu spüren, das durch die syntaktische Verbindung der Verse und durch den konzentrierten Einsatz von Enjambements hervorgebracht wird.

Dann wendet Rilke sich den Gegenständen zu. In den bekannten Gedichten «Der Panther», «Das Karussell», «Archaïscher Torso Apollos» spricht kein Ich mehr. Jetzt sprechen die Dinge, von ihnen ist zu lernen:

> Mit einem Dach und seinem Schatten dreht
> sich eine kleine Weile der Bestand
> von bunten Pferden, alle aus dem Land,
> das lange zögert, eh es untergeht.
> Zwar manche sind an Wagen angespannt,
> doch alle haben Mut in ihren Mienen;
> ein böser roter Löwe geht mit ihnen
> und dann und wann ein weißer Elefant.

In solchen Gedichten wirkt die Hoffnung, in einer Welt zu leben, in der alle Phänomene Bedeutung besitzen, dem Menschen etwas sagen, ihn so umgeben, dass er sich nicht fremd fühlen muss. Aber Rilke kann eine solche symbolische Konzeption nur unter den erschwerten Bedingungen der Moderne praktizieren. Was uns die Dinge sagen wollen, ist nicht immer klar, und die Menschen verstehen sie auch unterschiedlich. Das Karussell-Gedicht mit seinem wiederkehrenden weißen Elefanten lässt sich noch gut als Meditation über die Zeit begreifen, aber wenn der «Archaïsche Torso Apollos» mit dem grandiosen, völlig unerwarteten Kurzsatz und Imperativ endet: «Du mußt dein Leben ändern», dann schaudert der Leser, aber gleichzeitig bleibt der Appell offen. Wie und wohin man sein Leben ändern soll, das kann der Dichter nicht mehr sagen, das ist in die Hand jedes einzelnen Menschen gelegt.

Schließlich unternimmt Rilke in seinem Spätwerk, in den freirhythmisch ausgreifenden «Duineser Elegien» und den «Sonetten an Orpheus» (beide 1923), den Versuch, eine Mythologie zu erschaffen. Er spricht im Wir-Ton, lehrt, die Polaritäten der Welt als zusammengehörig zu erfahren, erzählt von Engeln und Tieren, gibt dem Leser Merkverse an die Hand: Zwar sind wir nicht «sehr verläßlich zu Haus» in der Welt, aber das liegt auch an unserer Art zu denken. Denn wir unterscheiden «zu stark», errichten immer neue Ordnungen, die wieder zerfallen, anstatt uns der Welt anzuvertrauen: «Hiersein» ist «viel», und «das Hiesige braucht» uns.

Eine entscheidende Aufgabe bei der Veränderung des Verhältnisses zur Außenwelt kommt dem Dichter zu, dessen Urbild Orpheus mit seinem Gesang Tiere, Felsen und Bäume bewegte. Natürlich bleibt vieles in dieser Lehre von Göttern und Menschen offen, gibt es suggestive, manchmal auch monumentale Verse, an deren Gehalt man zweifeln kann. Aber die Ambivalenzen gehören zu diesem Autor, der sich nicht auf einfache Wahrheiten festlegen wollte, Widersprüche aushielt. Am Ende der «Sonette an Orpheus» steht: «zu der stillen Erde sag: Ich rinne. / Zu dem raschen Wasser sprich: Ich bin.»

Hugo von Hofmannsthal (1874–1929) war in den Neunzigerjahren der Star der Wiener Szene. Es waren einige Gedichte, die den Nerv seiner Generationsgenossen trafen, in denen er Zustände des Übergangs besang: Es ist Vorfrühling, durch kahle Alleen läuft der Wind, das Ich ist sich selber «wie ein Hund unheimlich stumm und fremd». Das Ich besteht nur aus Momenten, gewinnt keine Festigkeit, nimmt alles in sich auf:

Manche liegen immer mit schweren Gliedern
Bei den Wurzeln des verworrenen Lebens,
Andern sind die Stühle gerichtet
Bei den Sibyllen, den Königinnen,
Und da sitzen sie wie zu Hause,
Leichten Hauptes und leichter Hände.

Doch ein Schatten fällt von jenen Leben
In die anderen Leben hinüber,
Und die leichten sind an die schweren
Wie an Luft und Erde gebunden:

Ganz vergessener Völker Müdigkeiten
Kann ich nicht abtun von meinen Lidern,
Noch weghalten von der erschrockenen Seele
Stummes Niederfallen ferner Sterne.

Im «Durcheinander» des Lebens einen Zusammenhang zu erkennen, fällt Hofmannsthal schwer, weil er anders als George keine scharfen Abgrenzungen vornehmen kann. So gibt es Einheit nur im Zucken eines Traums («Weltgeheimnis»), und dieser Wahrnehmung entspricht eine Verbindung verschiedener lyrischer Traditionen, Formen und Stimmen. Hofmannsthal ist noch einmal Romantiker, aber auch schon, so hat er es empfunden, ein Schauspieler, der viele Rollen annimmt, aber in keiner mehr zu Hause ist.

Entgegen völkerpsychologischen Vorurteilen, den deutschen Ernst betreffend, existiert in der deutschen Lyrik auch eine komische Richtung. Komik geht generell aus Kontrasten hervor, aus dem Aufeinandertreffen von Lebensbereichen und Sprachen, die nach dem Normalempfinden nicht zusammengehören. Die Lyrik hat hier besondere Möglichkeiten, zum Beispiel, indem sie überraschende Reime bildet. Auf Heines feine Ironie folgt *Wilhelm Buschs* (1832–1908) kräftig-realistischer Humor. Er äußert sich am lebendigsten in den Vers- und Bildererzählungen wie «Max und Moritz» (1865): « Aber Moritz aus der Tasche / Zieht die Flintenpulverflasche, / Und geschwinde, stopf, stopf, stopf! / Pulver in den Pfeifenkopf. – / Jetzt nur still und schnell nach Haus, / Denn schon ist die Kirche aus. –» Das sind temporeiche, Handlung und Spannung rhythmisch abbildende Verse. Buschs Komik geht aus einer pessimistischen Anthropologie hervor. Überall gibt es Gewaltpotentiale, die sich entladen müssen, und die Komik ermöglicht wenigstens eine kurzzeitige Befreiung aus dem Zusammenhang von Aggression, Grausamkeit und sexueller Lust.

Dass das Komische nicht aus intellektuellen Begrenzungen hervorgeht, sondern aus einer starken Wahrnehmung der Zerbrechlichkeit der Dinge und einer Konzentration auf ihre Schönheit, zeigt sich in den Werken von *Christian Morgenstern*

(1871–1914) und *Joachim Ringelnatz* (1883–1934). So hat Morgenstern ein Gedicht geschrieben, in dem eine Figur, die er Palmström nennt, an einem Teich steht, ein rotes Taschentuch hervorholt, auf dem eine Eiche sowie «ein Mensch mit einem Buch» abgebildet sind. Da erfasst Palmström, ohne dass man es auf Begriffe bringen könnte, plötzlich eine «Ehrfurcht vor dem Schönen». Er faltet das Taschentuch wieder zusammen und geht «ungeschneuzt» weiter. Natürlich ist Ironie gegenüber dem Ästhetizismus der Jahrhundertwende im Spiel, aber Scherz und Ernst sind untrennbar verbunden, und so ermöglicht die Beigabe des Komischen gerade die Rede über Schönheit und Friedfertigkeit.

Noch stärker äußert Ringelnatz ein Bekenntnis zum «Wunderland»: «Überall ist Wunderland», aber überall ist auch Dunkelheit. Ein kleines Reh aus Gips braucht nur einen «Stips», und schon ist es zerbrochen. Im frühen 20. Jahrhundert, als das Verlangen nach einer großen, alles ordnenden Wahrheit aufkam, schrieb Ringelnatz über seine Angst vor der Macht, lobte eine alte Mauer, die keine Predigten hält und keine Absichten hat, und erfand einen poetischen Pazifismus: «Ein Stahlhelm ist umgekehrt eine stillende Schale.» Gegen den Dezisionismus der politischen Lager setzte er den Imperativ «Spiele!» und führte vor, wie die großen Pläne enden: Eine Ameise, die die Welt umrunden will, landet in «Altona auf der Chaussee». Dabei versagte er sich religiösen Trost, beschrieb die Dunkelheit der Stratosphäre und formulierte die Grenzen des Wissens und des Handelns neu: «Ein Hund bellt. / Er kann nicht lesen. / Er kann nicht schreiben. / Wir können nicht bleiben.»

Eine Mittelstellung zwischen der komischen Lyrik und den Avantgarden des frühen 20. Jahrhunderts nimmt *Kurt Schwitters* (1887–1948) ein. Der avantgardistische Impuls zeigt sich in einer bis dahin unbekannten Konzentration auf die Sprache als Material. In seinem berühmten Liebesgedicht «An Anna Blume» spielt er mit den Pronomen:

Oh Du, Geliebte meiner 27 Sinne, ich liebe Dir!
Du, Deiner, Dich Dir, ich Dir, Du mir, ---- wir?
Das gehört beiläufig nicht hierher.

Er hebt die Gesetze der Grammatik auf, schafft neue semantische Verbindungen («ungezähltes Frauenzimmer»), geht über die Logik hinweg, fällt sich selber ins Wort und verkündet am Ende die Einsicht, dass der Name seiner Geliebten gleichermaßen von vorne und hinten zu lesen sei. Diese Entfesselung der Sprache ist aber kein Selbstzweck, sondern gibt in nachvollziehbarer Form die Verwirrung eines verliebten Menschen wieder, der nicht mehr weiß, wo ihm der Kopf steht.

Den größten Aufbruch in neue Sprachwelten stellt der lyrische Expressionismus dar, dessen Energie das gesamte 20. Jahrhundert hindurch weiterwirkte. Das wichtigste Dokument dieser Richtung ist die Anthologie «Menschheitsdämmerung» (1919/20) von Kurt Pinthus. Hier suchten junge Autoren nach einer Sprache, die einer veränderten Lebenswirklichkeit angemessen war. Sie erlebten die Technisierung und Beschleunigung des Lebens in den Städten, die Vermehrung des Wissens, die Koexistenz verschiedener Lebensstile. Das alte lyrische Ich wurde zu einem Durchgangsort für Bilder und Gedanken, die sich kaum noch miteinander verbinden ließen:

Der Schnellzug tastet sich und stößt die Dunkelheit entlang.
Kein Stern will vor. Die ganze Welt ist nur ein enger,
nachtumschienter Minengang,
Darein zuweilen Förderstellen blauen Lichtes jähe Horizonte reißen:
Feuerkreis
Von Kugellampen, Dächern, Schloten, dampfend, strömend... nur
sekundenweis ...
Und wieder alles schwarz. Als führen wir ins Eingeweid der Nacht
zur Schicht.

So beginnt *Ernst Stadlers* (1883–1914) «Fahrt über die Kölner Rheinbrücke bei Nacht», in der man neuartige Kombinationen von Substantiven und Verben, den Stil der parataktischen Reihung und die Vorliebe für Bewegungsbegriffe studieren kann. Ein Ich spricht in diesem Gedicht nur einmal und fühlt eine unbestimmte Erwartung «schwer / Im Hirn»; sie wird abgelöst vom bannenden Eindruck des nächtlichen Flusses und der beleuchteten Ufer. Am Ende steht eine Reihung von bedeutungsschweren, aber nicht näher bestimmten Substantiven: «Zur Wollust. Zum Gebet. Zum Meer. Zum Untergang.»

Eine durchgreifende Veränderung der Lebenssituation bringt seit 1914 der Krieg, an dem die meisten Autoren der jüngeren Generation direkt beteiligt sind. Die Überforderung der Wahrnehmung wurde dramatisch, man erlebte eine unbekannte Dimension des Kampfes und des Grauens. Damit bricht auch die alte Sprache zusammen, und gesucht wird nach einer lyrischen Form, in der sich Bedrohung und Todesangst ausdrücken lassen. *August Stramm* (1874–1915) wurde zuerst an der Westfront eingesetzt, dann in den Osten verlegt, wo er ums Leben kam:

Die Steine feinden
Fenster grinst Verrat
Äste würgen
Berge Sträucher blättern raschlig
Gellen
Tod.

Das Gedicht trägt den Titel «Patrouille» und gibt die Wahrnehmung eines Soldaten wieder, der im feindlichen Land eingesetzt ist, dessen konzentrierte und hoch gereizte Wahrnehmung die Gegenstände lebendig werden lässt. Alles bedroht ihn, die gesamte Landschaft hört er rascheln, überall erwartet er das Gellen des Todes. Er kann nicht mehr «ich» sagen, die Syntax ist zerfallen, geblieben sind nur unverbundene Bilder, Geräusche, Gefühle.

Dieser Verzicht auf Deutung ist aber keineswegs die Regel. Die meisten Autoren begegnen den Umbrüchen der Zeit und auch dem Krieg mit bekannten und stabilisierenden Denkweisen. So kommt es zu erheblichen Spannungen in den Texten. *Georg Heym* (1887–1912) hat in den großen Gedichten «Der

Gott der Stadt» und «Der Krieg» auf die Form der Allegorie zurückgegriffen. Historische Ereignisse werden als dunkle Gottheiten personifiziert: «Aufgestanden ist er, welcher lange schlief, / Aufgestanden unten aus Gewölben tief», kann vom Krieg gesagt werden, und diesem Versuch einer Benennung des Krieges entspricht die Verwendung tradierter Versformen und Reime. Das Gedicht endet mit dem Namen «Gomorrh», so dass der Krieg als Strafe Gottes verstanden werden kann, die auf eine sündige Welt geschickt wurde. Aber dieser Hinweis steht unverbunden neben Bildern, in denen Grauen und Zerstörung schockierend auftreten und unverstanden bleiben.

Auch in «Der Gott der Stadt» werden «der Schlote Rauch, die Wolken der Fabrik» beschrieben, um dann zu sagen, dass diese Wolken wie «Weihrauch» zu dem Gott ziehen, der als Baal benannt wird, also als Gegengott zur jüdisch-christlichen Tradition. Wenn Baal auf einem «Häuserblocke» sitzt und die Städte um ihn knien, dann soll offenbar die Moderne als Abfall der Menschheit vom Ursprung verstanden werden. Gedanklich bleibt vieles offen, aber aus der rhythmischen Verschmelzung des Nicht-Zusammengehörigen geht die Kraft dieser Gedichte hervor.

Georg Trakl (1887–1914) starb an einer Überdosis Kokain, nachdem er, ohnehin psychisch sehr labil, den Krieg an der Ostfront erlebt hatte. Das Gedicht «Grodek», das den Namen eines Schlachtortes trägt, endet mit einer unerhörten und schmerzhaften Vision: «Die heiße Flamme des Geistes nährt heute ein gewaltiger Schmerz, / Die ungebornen Enkel.» Wo andere Autoren Wucht und Stakkato erzeugen, spricht er elegisch, in einer ruhigen Trauer. Wenn er ein Gedicht «De profundis» nennt, greift er auf den Anfang des 130. Psalms zurück. Wie die alten Psalmen ihre Rhythmik aus Wiederholungsfiguren gewinnen, so auch dieser neue. Trakl speist aber auch die Verfremdungs-Techniken der modernen Lyrik ein, die die deutschen Autoren bei den Franzosen kennengelernt hatten, vor allem bei Charles Baudelaire und Arthur Rimbaud:

Es ist ein Stoppelfeld, in das ein schwarzer Regen fällt.
Es ist ein brauner Baum, der einsam dasteht.
Es ist ein Zischelwind, der leere Hütten umkreist.
Wie traurig dieser Abend.

Auch in Trakls Werk sind die für die expressionistische Generation kennzeichnenden Spannungen zu beobachten. Einmal beschreibt er im Gedicht «Vorstadt im Föhn» ein Gewirr von Pfaden, gräulichen Gestank, das Donnern eines Zuges und das feiste Blut, das aus einem Schlachthaus in den Fluss geleitet wird. Aber diesen bedrängenden Eindrücken setzt er einen romantischen Trost entgegen, wenn er sich eine Verschmelzung von Mensch und Natur vorstellt oder wie Hölderlin sagt: «Denn geheiligt ist Brot und Wein» («Gesang des Abgeschiedenen»). Seine Elegien, die mit dem Vogelzug von «helleren Geschicken» träumen, gehen zwar aus einer individuellen Psyche hervor, geben aber ein verbreitetes Empfinden wieder. Die Bilder des «Verfalls», die Trakl vorbeiziehen lässt, sind auch historisch zu verstehen:

Am Abend, wenn die Glocken Frieden läuten
Folg ich der Vögel wundervollen Flügen,
Die lang geschart, gleich frommen Pilgerzügen
Entschwinden in den herbstlich klaren Weiten.

Hinwandelnd durch den dämmervollen Garten
Träum ich nach ihren helleren Geschicken
Und fühl der Stunden Weiser kaum mehr rücken.
So folg ich über Wolken ihren Fahrten.

Da macht ein Hauch mich von Verfall erzittern.
Die Amsel klagt in den entlaubten Zweigen.
Es schwankt der rote Wein an rostigen Gittern,

Indes wie blasser Kinder Todesreigen
Um dunkle Brunnenränder, die verwittern,
Im Wind sich fröstelnd blaue Astern neigen.

«Es ist ein Weinen in der Welt, / als ob der liebe Gott gestorben wär», schreibt *Else Lasker-Schüler* (1869–1945). Aber gleichzeitig «pocht eine Sehnsucht an die Welt», und die Gedichte versuchen nun, dieser Sehnsucht Nahrung zu geben. Lasker-Schüler stammte aus einer jüdischen Familie, und diese Herkunft behielt für sie immer Bedeutung, konnte ihr aber keinen festen Halt mehr geben: «Mein Volk // Der Fels wird morsch, / Dem ich entspringe / Und meine Gotteslieder singe ...». Diese Gotteslieder sind Spiegel einer Gesellschaft, in der zahlreiche Sinnstiftungsangebote vorhanden sind, und so verbindet Lasker-Schüler verschiedene religiöse Traditionen und Ideen zu eigenen Wunschbildern. Antike, christliche, orientalische und asiatische Vorstellungen werden zitiert, und hinzu kommt die körperliche Liebe. Es gibt Engel, es gibt einen süßen «Lamasohn auf Moschuspflanzenthron», es gibt Erotik: «Komm zu mir in der Nacht – wir schlafen engverschlungen», und das alles ist so miteinander verknüpft wie die Fäden in einem «alten Tibetteppich», der den Titel für ihr wohl bekanntestes Gedicht gegeben hat.

Else Lasker-Schüler, die ihr Leben als Performance führte, schrille Kostüme trug, ihre «Liebespsalme» auch lebte, verließ Deutschland 1933, ging erst in die Schweiz, dann nach Palästina. In Jerusalem, wo sie in den späten Jahren eine Heimat fand, ist sie auf dem Ölberg begraben. Sie ist der weibliche Part einer Generation, die sich auf einer exzentrischen Sinnsuche befand, Glaubens- und Wissenspotentiale in die Gedichte einströmen ließ, aber nur im Rhythmus und Klang noch vorübergehend Halt finden konnte.

Der wichtigste Lyriker der expressionistischen Generation ist *Gottfried Benn* (1886–1956), dessen Werk die erste Hälfte des 20. Jahrhunderts umfasst und in die Turbulenzen, Brüche und Katastrophen dieser Zeit verwickelt ist. «Morgue» (Leichenschauhaus) heißt die erste Sammlung, die 1912 erschien und ihn berühmt machte, denn solche Totengedichte hatte es vorher nicht gegeben: Ein «ersoffener Bierfahrer» wird auf den Sektionstisch gelegt, das lyrische Ich schneidet ihm Zunge und Gaumen heraus, stößt dabei eine Aster an, die ihm irgendjemand «zwischen die Zähne geklemmt» hat. Sie wird in die Brusthöhle gepackt, dann wird zugenäht. Der Wunsch, der dem Toten gelten sollte, lautet nun: «Ruhe sanft, / kleine Aster!».

Gottfried Benn hat in Berlin Medizin studiert und an zahlreichen Sektionen mitgewirkt, aber sein «Morgue»-Zyklus mit Ratten, einer «Negerbraut» und Näpfen «von Hirn bis Hoden» bildet nicht einfach eine Realität ab, sondern zerschlägt alte Ordnungen. Er demontiert lyrische Motive und Erwartungen, und er dementiert jeden Trost im Tod. Dafür war traditionell das Christentum zuständig, und Benn war christlich erzogen worden. Als Sohn eines Pfarrers hatte er die Kindheit in einem kleinen Dorf östlich der Oder verbracht, ein Leben in und mit der Natur geführt. Als er nach Berlin ging, erlebte er seinen Moderne-Schock: Er verlor den Glauben, mit dem er groß geworden war, die alte Naturordnung galt nicht mehr.

Aber gleichzeitig beginnt die Suche nach neuen Formen der Einbindung in ein großes Ganzes. Wie bei den expressionistischen Malern gibt es ein Interesse an weit entfernten, vorzivilisatorischen Regionen, wo Panther «lautlos durch die Bäume» springen. Es geht um Zustände der Erlösung von der Rationalität, es wird der «Ich-zerfall» im Genuss von Kokain besungen. Das wichtigste Erlösungsmedium ist aber die Frau. Wenn sie auf den Mann, den «armen Hirnhund», zugeht, kommt es zu befreienden Bewusstseinsströmen, befindet er sich wieder in Einheit mit der Welt. Es entstehen Liebesgedichte mit einem ganz neuen Tempo; «D-Zug» heißt eines, das so beginnt:

Braun wie Kognak. Braun wie Laub. Rotbraun. Malaiengelb.
D-Zug Berlin – Trelleborg und die Ostseebäder. –

Fleisch, das nackt ging.
Bis in den Mund gebräunt vom Meer.
Reif gesenkt. Zu griechischem Glück.
In Sichel-Sehnsucht: wie weit der Sommer ist!
Vorletzter Tag des neunten Monats schon! –

Stoppel und letzte Mandel lechzt in uns.
Entfaltungen, das Blut, die Müdigkeiten,
Die Georginennähe macht uns wirr. –

Männerbraun stürzt sich auf Frauenbraun:

Eine Frau ist etwas für eine Nacht.
Und wenn es schön war, noch für die nächste!
Oh! Und dann wieder dies Bei-sich-selbst-sein!
Diese Stummheiten. Dies Getriebenwerden!

Benns Werk der Zwanzigerjahre ist von einer Spannung zwischen dem auf sich selbst zurückgeworfenen Ich und der Suche nach einer «Allgemeintendenz» geprägt. Derjenige, der sein eigenes Licht «in die eigne Nacht hinaus» treibt, sucht gleichzeitig nach nahen oder fernen Göttern, um dann feststellen zu müssen: «Die großen Götter Panne, / defekt der Mythenflor.» Das geschieht in einer Sprache, die sich verschiedener Diskurse bedient: Man findet Fachbegriffe aus Politik und Wirtschaft, Alltagsrede und Slang («Banane, yes, Banane»). Es gibt originelle Reime («tief» – «regressiv») und Komposita («Levkoienwelle», «Sternenstrich»). Die Rede ist von modernen Medien und vom Schleier der Maja. Benn spricht wie ein Priester und treibt seine Scherze. Er beschwört die Rückkehr in ein Reich vor den Vervielfältigungen der Moderne und ist gleichzeitig der Ironiker, der alles zerlegen kann.

Das Widerspiel von Wahrheit und Konstruktion, Einfachheit und Fülle zerschlägt Benn 1933, als er sich zum nationalsozialistischen Staat bekennt und ihn mit Reden, Essays und einem polemischen Brief an die literarischen Emigranten unterstützt. Alle Lasten, Widersprüche und Zweifel sollten mit einem Schlag vergessen und überwunden sein. Gegen den «Intellektualismus» stellte er das «Volk», gegen die «Zersetzungsfreiheit» die «Gemeinschaft». Die «individualistische Ära» sollte zum Teufel gehen, nun war eine «militante Transzendenz» gefragt. Dieses politische Bekenntnis ist deutlich und nicht zu beschönigen. Im lyrischen Werk hat es allerdings kaum Spuren hinterlassen. Ohnehin tritt die Lyrik in dieser Phase zurück, um in der zweiten Hälfte der Dreißigerjahre, als Benn in Opposition zum Nationalsozialismus gerät, eine neue Qualität zu erreichen.

Diese Gedichte, die später unter dem Namen «Statische Gedichte» berühmt wurden, entstammen einer Situation des Rückzugs. Die liedhafte beruhigte Form, die Benn meisterhaft handhabt und mit leichter Melancholie auflädt, sucht in bedrohlichen Zeiten Anlehnung an die Tradition:

Astern –, schwälende Tage,
alte Beschwörung, Bann,
die Götter halten die Waage
eine zögernde Stunde an.

Die Gedichte sind in abgelegenen Gegenden angesiedelt, thematisiert wird ein einsames Wissen. Der Geist, der sich nach der Enttäuschung aus der Politik zurückgezogen hat, wird zum «Gegengeist». Der öffentliche Raum und seine Rede waren besetzt, nun bot nur noch die Kunst einen Schutz. Aber die Zukunft ist dunkel, das Gedicht «Astern» endet:

noch einmal ein Vermuten,
wo längst Gewißheit wacht:
die Schwalben streifen die Fluten
und trinken Fahrt und Nacht.

Mit diesen Gedichten wurde Benn nach dem Krieg berühmt, fand er Anhänger und Verehrer, und diese Bewunderung hält bis heute an. Umso erstaunlicher ist es, dass er in der frühen Bundesrepublik der Fünfzigerjahre eine ganz andere Art der Lyrik schrieb. Sie wendet sich dem Alltag zu, ist ungereimt und prosanah, gibt sich gelassen. Der alte Dichter muss sich nicht mehr von seiner Umwelt abgrenzen. Titel wie «Das sind doch Menschen» und «Menschen getroffen» sind programmatisch. Das lyrische Ich ist nicht im Besitz eines sicheren Wissens, sondern befindet sich in einer rätselhaften Welt.

Die skeptische Haltung ist besonders schön in dem Gedicht «Teils – teils» formuliert. Es beginnt mit einem Rückblick auf das Elternhaus, in dem «keine Gainsboroughs» hingen, streift die Gräber der Vorfahren, erwähnt die politischen Veränderungen durch die Nachkriegsordnung und kommt dann in der Gegenwart einer Großstadt auf einer «Caféterrasse» an:

Aber ein Fluidum! Heiße Nacht
à la Reiseprospekt und
die Ladies treten aus ihren Bildern:
unwahrscheinliche Beauties
langbeinig, hoher Wasserfall
über ihre Hingabe kann man sich gar nicht erlauben
nachzudenken.

Formal zusammengehalten werden diese späten Gedichte durch unaufdringlich eingesetzte Wiederholungen und Variationen einzelner Wendungen. In «Teils – teils» ist das zum Beispiel die Formel «Sela, Psalmenende». So werden konkrete Beobachtungen mit letzten Dingen verbunden. Die Klage gilt den «grauen Herzen, grauen Haaren», das Lob gilt den «unwahrscheinlichen Beauties», und an den Weltlauf richten sich «Fragen, Fragen».

Bertolt Brecht (1898–1956) gilt als große Gegenfigur zu Benn. Tatsächlich unterscheiden sie sich, aber vor allem in den Antworten, nicht in den Fragen. 1927 veröffentlichte Brecht einen Gedichtband mit dem Titel «Bertolt Brechts Hauspostille». Der Titel ist erstaunlich: Einerseits greift hier ein Autor im frühen 20. Jahrhundert auf ein geistliches Erbauungsbuch Martin Luthers zurück, andererseits signalisiert er, dass es sich dabei um seine Hauspostille und seinen Glauben handelt. Von christlichen Überzeugungen ist er weit entfernt, dementiert sie ausdrücklich. Andererseits geht es um Erfahrungen und Bewusstseinszustände, für die in früheren Phasen vor allem die Religion zuständig war. Dazu zählen die Idee, Teil eines großen Zusammenhangs zu sein, und das Gefühl einer glücklichen Befreiung von der Erdenschwere, einer Aufhebung der Grenze von Ich und Welt. Im Kapitel «Exerzitien», Andachtsübungen, steht das Gedicht «Vom Schwimmen in Seen und Flüssen»:

Im bleichen Sommer, wenn die Winde oben
Nur in dem Laub der großen Bäume sausen
Muß man in Flüssen liegen oder Teichen
Wie die Gewächse, worin Hechte hausen.
Der Leib wird leicht im Wasser. Wenn der Arm
Leicht aus dem Wasser in den Himmel fällt

Wiegt ihn der kleine Wind vergessen
Weil er ihn wohl für braunes Astwerk hält.

Die kunstvollen Enjambements und die W-Alliterationen dieser ersten Strophe dienen der Herstellung von Einheit. Miteinander verbunden werden Wind und Baum, Fluss und Gewächs, Gewächs und Fisch. Von der Höhe der Winde bis zur Tiefe des Wassers wird die gesamte Natur ausgemessen. Der Mensch, der diese Übung absolviert, erhält ein Gefühl körperlicher Leichtigkeit. Die Normalwahrnehmung von oben und unten verkehrt sich, Natur und Mensch sind nicht mehr unterscheidbar: Der Wind, der die Strophe anfängt und abschließt, hält den Menschenarm für einen Ast. In Brechts Frühwerk gibt es viele Bilder des Wassers, und im Hintergrund steht die zeitgenössische Lebensphilosophie, die mit dem Prinzip des ‹Lebens› Sinnlichkeit und Intellekt, Mensch und Umwelt und schließlich auch die Vielfalt der modernen Gesellschaft integrieren wollte.

Brecht hat dem Vitalismus gehuldigt und die «Hauspostille» mit dem Gedicht «Gegen Verführung» abgeschlossen, in dem zum genussvollen Schlürfen des Lebens aufgefordert wird. Aber sein Blick ist nicht verklärt, und so gehört zur Natur auch das Sterben, und zum Gedicht vom Schwimmen kommt das Gedicht «Vom ertrunkenen Mädchen»:

Als sie ertrunken war und hinunterschwamm
Von den Bächen in die größeren Flüsse
Schien der Opal des Himmels sehr wundersam
Als ob er die Leiche begütigen müsse.

Der Autor begütigt nichts. Er beschreibt im Wechsel von Alternationen und Doppelsenkungen die Bewegung der Leiche im Wasser, und sein Konjunktiv («als ob») ist nicht romantisch wie bei Eichendorff; es handelt sich um einen Irrealis. Niemand tröstet, Gott vergisst die Tote, «erst ihr Gesicht, dann die Hände und ganz zuletzt erst ihr Haar». Das Schlusswort des Gedichts ist «Aas».

Vergleichbar illusionslos fällt der Blick auf die Gesellschaft aus. In ihr bricht immer wieder Gewalt hervor, ohne dass man

Ursachen oder Schuldige benennen könnte. Die Lektionen, die man braucht, um in dieser Gesellschaft zu überleben, enthält die Sammlung «Aus dem Lesebuch für Städtebewohner». Hart ist schon die Diktion: Kein Reim, keine Metrik mehr, sondern kurze, gereihte Sätze, viele Imperative, Wiederholungen bis zum Stakkato, Sprache der Straße. Hart sind auch die Lehren: Man muss wachsam, beweglich und mitleidlos sein im Kampf ums Überleben.

Der Sozialdarwinismus, der viele Gesellschaftsmodelle des späten 19. und frühen 20. Jahrhunderts bestimmte, hat auch Brecht erfasst. Danach ist das soziale Zusammenleben von Ausscheidungskämpfen bestimmt. Einem Menschen, der wie das fünfte Rad am Wagen überflüssig ist, wird gesagt: «Ich weiß, du hörst nicht mehr / Aber / Sage nicht laut, die Welt sei schlecht / Sage es leis. // Denn nicht die vier sind zuviel / Sondern das fünfte Rad / Und nicht schlecht ist die Welt / Sondern / Voll.» In dieser Zeit schreibt Brecht auch ein großes Gedicht über die «Geschichte der Weltmeister im Mittelgewicht» von 1891 bis zur Gegenwart, in dem der Sport die überall wirkenden Selektionsvorgänge enthüllt.

Dann kommt die Wende. Um 1930 bekennt Brecht sich zum Kommunismus, und in das Chaos der Gesellschaft kommt wieder ein Sinn: «Fürchte dich! Sinke doch! Auf dem Grunde / Erwartet dich die Lehre.» Brecht empfängt die Lehre und wird selber zum Lehrer, der Lieder und Chöre schreibt, in denen kein Ich mehr spricht, sondern ein Wir. Die Partei überwindet die Konkurrenz der Meinungen, die Begrenztheit jeder Perspektive und sogar die Zeitlichkeit: «Der einzelne hat zwei Augen / Die Partei hat tausend Augen. / Die Partei sieht sieben Staaten / Der einzelne sieht eine Stadt. / Der einzelne hat seine Stunde / Aber die Partei hat viele Stunden.» Brechts Dichtung wird nüchtern, didaktisch, erzählend und erklärend. Vieles davon ist ehrenvoll, denn mit Gedichten führt Brecht auch den Kampf gegen Hitler; manches ist problematisch, denn Brecht huldigt Stalin und rechtfertigt dessen Verbrechen.

Die Gedichte der Dreißiger- und Vierzigerjahre sind ein großes Geschichtsbuch. Man sieht Brecht im dänischen Exil, wie er mit seinem Sohn einen Sack über ein Aprikosenbäumchen legt, das im Schneesturm zu erfrieren droht; im Hintergrund ist der ferne Donner der deutschen Schiffsgeschütze zu hören. Man sieht ihn weiter geflohen in Finnland: «Hoch oben in Lappland / Nach dem nördlichen Eismeer zu / Sehe ich noch eine kleine Tür.» Dann ist er in Amerika und schreibt «Hollywoodelegien». Schließlich kann er mit Sorge und Beklemmung nach Deutschland zurückkehren: «Die Vaterstadt, wie find ich sie doch? / Folgend den Bomberschwärmen / Komm ich nach Haus.»

Zwischen den politischen stehen so große Gedichte wie die «Legende von der Entstehung des Buches Taoteking auf dem Weg des Laotse in die Emigration». Darin erprobt er eine alternative Existenz, den Verzicht auf die Agitation, ein Leben der Kontemplation. Der alte Weise denkt zyklisch statt linear, lehrt die Gelassenheit im Vertrauen darauf, «daß das weiche Wasser in Bewegung / Mit der Zeit den mächtigen Stein besiegt». Der Gang des Gedichtes ist gleichmäßig, ruhig, so wie es der alte Laotse auf seinem Ochsen nicht eilig hat:

1.
Als er siebzig war und war gebrechlich
Drängte es den Lehrer doch nach Ruh'
Denn die Güte war im Lande wieder einmal schwächlich
Und die Bosheit nahm an Kräften wieder einmal zu.
Und er gürtete den Schuh.

2.
Und er packte ein, was er so brauchte:
Wenig. Doch es wurde dies und das.
So die Pfeife, die er immer abends rauchte
Und das Büchlein, das er immer las.
Weißbrot nach dem Augenmaß.

3.
Freute sich des Tals noch einmal und vergaß es
Als er ins Gebirg den Weg einschlug.
Und sein Ochse freute sich des frischen Grases
Kauend, während er den Alten trug.
Denn dem ging es schnell genug.

Brecht hat auch die Gedichttheorie des 20. Jahrhunderts mitbestimmt; vor allem sein Aufsatz «Über reimlose Lyrik mit unregelmäßigen Rhythmen» (1938) ist lesenswert. Zunächst wehrt er sich gegen die Kritik, dass seine neueren politischen Gedichte meistens auf Reim und Rhythmus verzichteten. Ein Rhythmus sei vorhanden, entgegnet er, verzichtet werde nur auf die Glätte und das Klappern traditioneller Verse. Dann begründet er seine Formentscheidungen: Ein Lyriker, der auch politischer Zeitgenosse ist, darf nicht die gesellschaftlichen Auseinandersetzungen in einer wohlklingenden Form neutralisieren, sondern muss «die Vorgänge zwischen den Menschen als widerspruchsvolle, kampfdurchtobte, gewalttätige» zeigen. Gedichte sollen nicht einlullen, wie dies die alten Lieder oft getan hätten, sie sollen im Leser nicht Assoziationen hervorrufen, sondern klare Gedanken.

Weiter verweist er auf Veränderungen der uns umgebenden Geräuschkulisse. Die Akustik des Alltags in den Städten mit ihrer Technik, ihren Maschinen und ihrer Musik passe nicht mehr zu der Metrik vergangener Jahrhunderte. Schließlich gebe es auch zahlreiche neue Ausdrücke, die nicht in einen jambischen oder trochäischen Vers hineingingen; zu denken ist zum Beispiel an Fremdwörter und Fachbegriffe. Diese Überlegungen Brechts entsprechen der dominanten Entwicklung der Lyrik im 20. Jahrhundert; erst seit den Achtziger- und Neunzigerjahren machen sich gegenläufige Strömungen bemerkbar. Reime und regelmäßige Rhythmen finden wieder Verwendung, und dafür wird eine veränderte Gedichtpoetik aufgeboten.

Allerdings legte sich Brecht keineswegs auf eine einzige Gedichtsprache fest. Wie kein anderer Dichter des 20. Jahrhunderts beherrschte er eine Vielzahl lyrischer Formen und Sprechweisen. Wenn es im 20. Jahrhundert einen Autor gab, der es in dieser Hinsicht mit Goethe aufnehmen konnte, dann er. Zwei Jahre vor seinem Tod schrieb er ein kurzes Lied in alltäglicher Sprache. Darin beschreibt er die überraschende Entdeckung einer kleinen Rose. Aus ihrem Anblick schließt er auf allgemeine Gesetzlichkeiten. Die Zielgerichtetheit und Steuerbarkeit von Abläufen wird negiert. Die Kontingenz wird in ihren schönen und glückhaften Ereignissen erfasst. Der alte Dichter ist wieder so erstaunt wie der junge:

Ach wie solln wir nun die kleine Rose buchen
Plötzlich dunkelrot und jung und nah
Ach wir kamen nicht, sie zu besuchen
Aber als wir kamen, war sie da.

Vor sie da war, war sie nicht erwartet
Als sie da war, war sie kaum geglaubt
Ach, zum Ziele kam, was nie gestartet
Aber war es so nicht überhaupt?

7. Von 1945 bis zur Gegenwart

Es ist eine Paradoxie des 20. Jahrhunderts: Eine Jude, dessen Eltern deportiert und umgebracht wurden, der als junger Mann im Arbeitslager gefangen saß, gibt dem deutschen Gedicht noch einmal einen ganz neuen Klang. *Paul Celan* (1920–1970) wurde in Czernowitz groß, einer Vielvölkerstadt, die habsburgisch geprägt war und nach dem Ersten Weltkrieg rumänisch wurde. Die Vielsprachigkeit ist ein Kennzeichen seines Werkes. Bei ihm spricht noch einmal die Romantik, klingen Rilke und Trakl, die französischen Symbolisten wie die Surrealisten des 20. Jahrhunderts mit; seine Lyrik ist dialogisch strukturiert, er hat aus vielen Sprachen ins Deutsche übersetzt.

Aber alles ist eingefärbt und überschattet von der Bedrohung und Verfolgung: «UMSONST malst du Herzen ans Fenster: / der Herzog der Stille / wirbt unten im Schloßhof Soldaten.» Diese Verse stammen aus dem frühen Band «Mohn und Gedächtnis» (1952), in dem auch die berühmte «Todesfuge» steht. Sie weist einen daktylischen Rhythmus auf, ist durch Anaphern und Parallelismen verbunden, besitzt leitende Metaphern, die wiederkehren. Mit diesen konzentrierten musikalischen Mitteln wird ein Todeslager beschrieben, und bis heute bleibt die gleichzeitige Faszination, Erschütterung und Unsicherheit beim Lesen bestehen:

Schwarze Milch der Frühe wir trinken sie abends
wir trinken sie mittags und morgens wir trinken sie nachts
wir trinken und trinken
wir schaufeln ein Grab in den Lüften da liegt man nicht eng
Ein Mann wohnt im Haus der spielt mit den Schlangen der schreibt
der schreibt wenn es dunkelt nach Deutschland dein goldenes Haar
  Margarete
er schreibt es und tritt vor das Haus und es blitzen die Sterne
  er pfeift seine Rüden herbei

er pfeift seine Juden hervor läßt schaufeln ein Grab in der Erde
er befiehlt uns spielt auf nun zum Tanz

Schwarze Milch der Frühe wir trinken dich nachts
wir trinken dich morgens und mittags wir trinken dich abends
wir trinken und trinken
Ein Mann wohnt im Haus der spielt mit den Schlangen der schreibt
der schreibt wenn es dunkelt nach Deutschland dein goldenes Haar
Margarete
Dein aschenes Haar Sulamith wir schaufeln ein Grab in den Lüften
da liegt man nicht eng

Er ruft stecht tiefer ins Erdreich ihr einen ihr andern singet und
spielt
er greift nach dem Eisen im Gurt er schwingts seine Augen sind blau
stecht tiefer die Spaten ihr einen ihr andern spielt weiter zum Tanz
auf

Celan hat in seinem ganzen Werk um die richtige, die wahre Sprache gekämpft. Die Schrecken der Verfolgung sind kaum zu formulieren, aber unsagbar ist auch jener Gott, an dem Celan zweifelt, mit dem er ringt, aber den er nicht loslassen kann. So hält er an der emphatischen Idee einer nicht von Kampf und Ungleichheit bestimmten Gesellschaft fest, ebenso an der Hoffnung, dass der Mensch sich auf eine Instanz jenseits seiner Bedingungen und Grenzen beziehen kann. «Es ist Zeit, daß der Stein sich zu blühen bequemt», kann er am Anfang noch sagen, und da schwingt der Glaube an das Zauberwort der Romantik mit, vor dem das ganze verkehrte Wesen fortfliegt. Aber die Artikulation einer Gegenwelt wird immer schwieriger und brüchiger. Ein «Psalm» entsteht, der an «Niemand» gerichtet ist: «Ein Nichts / waren wir, sind wir, werden / wir bleiben, blühend: / die Nichts-, die / Niemandsrose.» Die Paradoxien und der Rätselcharakter nehmen im Fortgang des Werkes zu.

Die Unverständlichkeit ist notwendig, weil die Welt und ihre Sprache sich immer weiter von den Hoffnungen Celans entfernen. Er nimmt Sprachfetzen aus der Geschichte und vor allem aus der jüdischen Tradition auf, die er zu Gesten des Widerstands verbindet. So werden das biblische «Schibboleth», ein

Erkennungs- und Zugehörigkeitszeichen, und der republikanische Ruf «No pasaran» aus dem spanischen Bürgerkrieg verfugt, um von der «Fremde der Heimat» sprechen zu können. So wird im Gedicht «Tübingen, Jänner» an Hölderlins Wahnsinn erinnert:

> Käme,
> käme ein Mensch,
> käme ein Mensch zur Welt, heute, mit
> dem Lichtbart der
> Patriarchen: er dürfte,
> spräche er von dieser
> Zeit, er
> dürfte
> nur lallen und lallen,
> immer-, immer-
> zuzu.
>
> («Pallaksch. Pallaksch.»)

Dieses Wort «Pallaksch» stammt aus der Sprache Hölderlins, und so hat sich auch Celan immer mehr in eine eigene Welt begeben, in der es zwar noch Schönheit gab, aber auch Zynismus, in der Wahrheit nur noch als «Dröhnen» vorstellbar war, in der die Worte sich auflösten: «Tiefimschnee, / Iefimnee, / I–i–e.» Wenn noch Lieder zu singen sind, dann nur «jenseits / der Menschen». 1970 hat sich Celan in der Seine das Leben genommen.

Celans Werk gehört keiner literarischen Richtung an. Stark vertreten ist in der Nachkriegszeit die Naturlyrik. Dabei greift man auf Denkweisen und Formen der ersten Jahrhunderthälfte zurück. Etwa seit 1930 arbeitete man an einer Erneuerung der klassisch-romantischen Naturdichtung. Das war ein Rückzug aus den sich verschärfenden politischen Auseinandersetzungen. In der Natur oder in einzelnen Naturmomenten schienen noch Potentiale aufgehoben zu sein, die im sozialen Leben keinen Platz hatten. Ein Begründer dieser Richtung ist *Oskar Loerke* (1884–1941), der in seinen Gedichten eine verzauberte Welt erschafft: Sein Haus befindet sich mitten in einem «Silberdistelwald», der antike Naturgott Pan kommt «vorbeigeschritten», um den Streit der Welt zu beenden, der Mensch kann neu erweckt werden.

Diese Rückzugsbewegungen sind immer auch als Akt des Widerstands zu verstehen, was bei Loerke besonders deutlich wird. Wenn er in einem Gedichtband aus dem Jahr 1934 beschwörend behauptet: «Beständig ist das leicht Verletzliche», dann liegt darin die Gewissheit, dass die zyklische Wiederkehr der Naturerscheinungen die politischen Reiche mit ihren Taten und Verbrechen überdauert. Die Natur ist Residuum, Schutzraum, abseits der Katastrophen, wie es Loerkes Freund *Wilhelm Lehmann* (1882–1968) an dessen Grab empfindet: Es ist das Jahr 1944, «Sirene heult, Geschützmaul bellt», der Tote soll im «Qualenlosen» bleiben; den, der in der Welt ausharrt, tröstet kurz das blaue Licht des Eisenhuts.

Die manchmal forciert erscheinende Naturemphase teilt der jüngere *Günter Eich* (1907–1972) schon nicht mehr. Auch er beginnt auf «abgelegenen Gehöften» und erklärt: «Wer möchte leben ohne den Trost der Bäume!» Aber die Vorstellung einer Gegenwelt und die Idee einer Ursprache, in der Wort und Gegenstand notwendig, nicht willkürlich verbunden sind, lassen sich nicht mehr halten. Eich unterzieht die lyrische Tradition der Kritik, unternimmt eine «Inventur» und gibt der immer schon zivilisationskritischen Naturlyrik eine soziale Stoßrichtung: Aus den «Botschaften des Regens» werden «Botschaften der Verzweiflung» und «Botschaften der Armut». Es kommt zu einer umfassenden, allerdings auch vagen Kritik politischer Macht, zu einer Verknappung und Härtung der lyrischen Sprache, zu einer Verweigerung der Rationalität: «Wir lehren unsere Töchter und Söhne die Igelwörter / und halten auf Unordnung, / unseren Freunden mißlingt die Welt.»

Den skeptischen, ins Apokalyptische gehenden Zug teilt Eich mit *Ingeborg Bachmann* (1926–1973). Ihre ausladenden, metaphernreichen Panoramen zeigen eine Welt voller Bedrohung: «Im Keller des Herzens, schlaflos, find ich mich wieder / auf der Spreu des Hohns, im Herbstmanöver der Zeit.» Darin wirkt eine negative Geschichtsphilosophie, die die Moderne als Verfallsgeschichte ansieht und von der beständigen Fortsetzung des

Krieges in der ‹restaurativen› Nachkriegsordnung spricht. Daneben steht das freie, sich mit zahlreichen Wiederholungen wie ein Karussell drehende Gedicht «Böhmen liegt am Meer», das eine Welt der Nähe, Heiterkeit und Gnade malt, stehen Gedichte wie «Erklär mir, Liebe», das folgende Verse enthält:

> Wasser weiß zu reden,
> die Welle nimmt die Welle an der Hand,
> im Weinberg schwillt die Traube, springt und fällt.
> So arglos tritt die Schnecke aus dem Haus!
>
> Ein Stein weiß einen andern zu erweichen!
>
> Erklär mir, Liebe, was ich nicht erklären kann:
> sollt ich die kurze schauerliche Zeit
> nur mit Gedanken Umgang haben und allein
> nichts Liebes kennen und nichts Liebes tun?
> Muß einer denken? Wird er nicht vermißt?

Aus der Schule der Naturlyrik stammt auch *Peter Huchel* (1903–1981), der seine Kindheit noch in einer ländlichen Welt verbrachte. Nach dem Krieg lebte er in der DDR, teilte sozialistische Ideen, geriet aber mit der politischen Praxis in Konflikte; diese führten schließlich zur Isolation und zur Ausreise in den Westen. Seine Landschaft ist kalt, die Hoffnungszeichen verschwinden, «durch die Kehle des Schilfrohrs» atmet der vereiste Fluss noch schwach. Man kann solche Bilder auf Erfahrungen in der DDR beziehen, aber auch bei Huchel wirken Erinnerungen aus dem Mythos, Vorstellungen einer ursprünglichen Einheit des Menschen mit der Natur und Glaubensreste nach, denen keine Gesellschaft entsprechen kann. Die wendischen Weidenmütter der Kindheit finden in der Moderne keinen Platz mehr. Man kann sich an den antiken Naturphilosophen Theophrast erinnern, der einst «Gespräche wie Bäume gepflanzt» hat, aber diese Bäume sind längst gerodet worden. Die Diagnose ist universal: «Und nicht erforscht wird werden / Ein Geschlecht, / Eifrig bemüht, / Sich zu vernichten.»

Dass die Natur ein Gleichnis sein könnte, dass wir ihre Bedeutung aber nicht sicher kennen, dass wir sie zudem nur noch als geschichtlich und gesellschaftlich geformte wahrnehmen, steht bei *Johannes Bobrowski* (1917–1965). Seine Gedichte wurzeln im Gebiet zwischen Weichsel und Wolga, das im Zeitalter des Kalten Krieges weit entfernt schien, seit 1989 aber wieder näher gerückt ist. Für Bobrowski ist dies eine Sehnsuchtslandschaft («Alle meine Träume / gehn über Ebenen, ziehn / unbetretenen Wäldern / windhell entgegen, kalten / einsamen Strömen, darüber / fernher Rufe schallen / bärtiger Schiffer»), aber auch ein Gebiet, in dem Polen, Russen, Litauer und Deutsche, in dem Christen und Juden lebten. Die Konflikte und Verbrechen der Geschichte bis zum Höhepunkt im Nationalsozialismus benennt er sehr genau.

Seine Sprache ist an Klopstocks Oden geschult, wie überhaupt zu sagen ist, dass Formen und Sprechweisen der lyrischen Tradition in der DDR sehr viel gründlicher bewahrt und überprüft wurden als in der Bundesrepublik. Viele ostdeutsche Lyriker besaßen und besitzen herausragende sprachtechnische Fähigkeiten. Bobrowski versetzt die reimlose, antikisierende Form mit Errungenschaften der Moderne, findet eine Bildsprache voller Symbole, ohne dass sich sicher sagen ließe, worauf sie verweisen: «Wär da ein Gott / und im Fleisch, / und könnte mich rufen, ich würd / umhergehn, ich würd / warten ein wenig.» Vor Moral scheut er nicht zurück: Das Wort «Mensch» soll man nicht ohne Liebe aussprechen, und die Sprache befindet sich, auch wenn sie abgehetzt und müde ist, auf dem Weg «zum Hause des Nachbarn».

Sarah Kirsch (*1935) verließ die DDR nach der Ausbürgerung des Sängers Wolf Biermann. Politische und private Konflikte behandelt sie, wenn sie sich an die Romantikerin Bettine von Arnim erinnert. Diese schrieb an den preußischen König, und seitdem hat sich die Welt nicht grundsätzlich geändert:

Dieser Abend, Bettina, es ist
Alles beim alten. Immer
Sind wir allein, wenn wir den Königen schreiben
Denen des Herzens und jenen
Des Staats. Und noch
Erschrickt unser Herz

Wenn auf der anderen Seite des Hauses
Ein Wagen zu hören ist.

Das sind freie Rhythmen. Sie besitzen einen daktylisch-elegischen Grundton und machen sich die Möglichkeiten der ungebundenen Rede zunutze, etwa in den Enjambements, die sehr bewusst eingesetzt sind: Bevor der Wagen zu hören ist, wird einmal Luft geholt. Darin ist die Angst spürbar: Wer kommt mit diesem Wagen? Sarah Kirsch hat mit Zaubersprüchen begonnen, sie trabte mit einer Schlehe im Mund durch die Landschaft, ist eine Schwärmerin geblieben, aber mit trockenem Witz begabt.

Stärker als ihre männlichen Kollegen beharrt sie auf Subjektivität. In dem frühen Gedicht «Landaufenthalt» beschreibt sie ironisch die Fülle der Natur als Gefahr für den Städter («die Vögel und schwarzen Schnecken dazu überall Gras Gras das / die Füße mir feuchtet fettgrün»), in den späteren Gedichten gibt es befreite Momente:

Und zu verschiedenen Zeiten geschieht es
Daß wir sehr glücklich über
Irgend ein Ding eine Nachricht
Den neuen Geliebten das Kind
Umhergehen können da freut uns
Die eintönigste Arbeit da kochen wir
Wunderbare Gerichte putzen die Fenster

«Mondlicht in einem Baugerüst», das ist der Titel eines Gedichts von *Rolf Dieter Brinkmann* (1940–1975). Er führte die Lyrik der Nachkriegszeit in eine neue Umgebung. Der Alltag in den Städten, die amerikanische Popkultur, Musik und Filme, Beobachtungen und Schnappschüsse, Hinterhöfe, eine Photographie von Liz Taylor und ein Stück Draht zwischen zwei Bäumen: Das waren die Dinge, von denen er schrieb.

Brinkmann war Teil einer größeren Strömung, die man ‹Alltagslyrik› oder ‹Neue Subjektivität› nennt. Man interessierte sich für Gegenstände, die vorher als nicht literaturfähig galten. Die technischen und medialen Veränderungen der Nachkriegsjahrzehnte wurden akzeptiert, statt sie mit einem Generalverdacht zu überziehen. Die politische Emphase der Zeit um 1968 flachte ab. «Die Geschichtenerzähler machen weiter, die Autoindustrie macht weiter, die Arbeiter machen weiter, die Regierungen machen weiter, die Rock'n'Roll-Sänger machen weiter, die Preise machen weiter, das Papier macht weiter, die Tiere und Bäume machen weiter, Tag und Nacht macht weiter», schreibt Brinkmann in der Vorbemerkung zu seinem Gedichtband «Westwärts 1 & 2» (1975). Dort formuliert er auch sein Ideal einer neuen Direktheit und Lebensnähe: «Vielleicht ist mir aber manchmal gelungen, die Gedichte einfach genug zu machen, wie Songs». Wichtig für den neuen lyrischen Realismus ist der amerikanische Einfluss; Brinkmann übersetzte und vermittelte Gedichte aus den USA.

Aber daneben besaß er andere Kraftquellen, die ihn aus der Ödnis mancher Alltagsliteratur heraustrieben. Er hatte eben nicht nur das Baugerüst, sondern auch das Mondlicht, führte romantische Phantasien weiter und redete mit Ludwig Tieck. Er hatte Fragen und Zweifel, entblößte sich selbst, war ein Zyniker, der Schattenmorellen lobte. Er schrieb lange Gedichte, in denen sich das klassische Subjekt auflöste, nur noch ein Durchgangsort für Eindrücke, Stimmen und Reflexionen war. Aber er schrieb auch Gedichte, in denen sich «das punktuelle Zünden der Welt im Subjekte» ereignete, wie es der Lyriktheoretiker Friedrich Theodor Vischer im 19. Jahrhundert genannt hatte. Nur ist es das späte 20. Jahrhundert, das jetzt die kostbaren Momente hervorbringt:

Die Orangensaftmaschine

dreht sich & Es ist gut, daß der Barmann
zuerst auf die nackten Stellen eines
Mädchens schaut, das ein Glas kalten

Tees trinkt. «Ist hier sehr heiß,
nicht?» sagt er, eine Frage, die
den Raum etwas dekoriert,

was sonst? Sie hat einen kräftigen
Körper, und als sie den Arm
ausstreckt, das Glas auf

die Glasplatte zurückstellt,
einen schwitzenden, haarigen
Fleck unterm Arm, was den Raum

einen Moment lang verändert, die
Gedanken nicht. Und jeder sieht, daß
ihr's Spaß macht, sich zu bewegen

auf diese Art, was den Barmann
auf Trab bringt nach einer langen
Pause, in der nur der Ventilator

zu hören gewesen ist wie
immer, oder meistens, um
diese Tageszeit.

Eine ganz andere Lyrik repräsentiert *Ernst Jandl* (1925–2000). In der ‹konkreten Poesie› konzentriert man sich auf die Sprache als Material. Buchstaben werden ausgetauscht, Silben ausgelassen, Worte werden zusammengezogen, gedehnt oder auch graphisch angeordnet; bis heute wird das Spiel mit Palindromen («Anna», «nie solo sein») und Anagrammen («Paris Hilton» – «holt Aspirin») weitergetrieben. Für Jandl, der auf den Dadaismus und Expressionismus (Stramm, Schwitters) und auf internationale Vorbilder (Gertrude Stein) zurückgriff, stellte diese Form der Poesie nie einen Zwang oder ein Regelsystem dar. Sie brachte eine Befreiung, eine Erweiterung der Denkmöglichkeiten, wie dies ein klassisches Gedicht aus dem Band «Laut und Luise» von 1966 zeigt:

manche meinen
lechts und rinks
kann man nicht
velwechsern.
werch ein illtum!

Das Gedicht heißt «lichtung», und solche Gedichte sollen wirklich aufhellen, denn wenn die Grenzen meiner Sprache nach einer Aussage des Philosophen Ludwig Wittgenstein (1889–1991) die Grenzen meiner Welt sind, dann gilt es, diese Grenzen zu verschieben, zu erweitern, zu überspringen.

Jandl betreibt dies in komischer Form («ich was not yet / in brasilien / nach brasilien / wulld ich laik du go») und als Kinderlied («ottos mops»), aber seine Experimente ermöglichen ihm auch die beklemmende Vergegenwärtigung einer Kundgebung Adolf Hitlers auf dem Wiener Heldenplatz, die er als Kind selbst erlebt hatte. Die Enge, die Aggressionen und die Triebhaftigkeit der Menge werden durch die Sprachumstellungen konkreter erlebbar als in einem konventionell geschriebenen Gedicht. Allerdings arbeitete Jandl, der viele Wege ging, auch mit bekannten lyrischen Formen, die er neu füllte. So schrieb er am Ende geistliche Gedichte, wobei ihn seine Ironie nicht verließ: «so fluch ich und möchte doch beten / daß an einem morgigen tag / die stinkende kunst der propheten / an mir noch ein wunder vermag».

In der jüngeren Generation ist es *Thomas Kling* (1957–2005), der die Möglichkeiten einer das Sprachmaterial verfremdenden Poesie am stärksten erkundet hat. In seinen frühen Bänden geht es dabei durchaus ironisch-witzig zu, etwa wenn er eine Feier in einem Schrebergarten darstellt: «seit acht gekokelt (‹lüftchn wi / ausm ei gepellt›); zur erdbeerbowle / kommen kellergeister, brigitte- / leckerbissn reingezogn, pfundweise / fleischsalat und ersma bratnsaft / auf die krawatte; / schon unerbittlich / urlaubsdias durchgejagt AUF EINZEL- / BILDER MUSS VERZICHTET WERN; auffer / terrasse volle pulle, allseiz gesichz- / entfachung angesagt, mallorcamild der mond / im quittenbaum».

Die Technik der Orientierung an der gesprochenen Sprache, der konsonantischen Verhärtung und der Wiederholung und Variation von Sprachelementen dient ihm später vor allem zu einer Geschichtserkundung. Von den Merseburger Zaubersprüchen bis zu Stefan George wird die Lyrik gesichtet, umgeschrieben und revitalisiert. Die größte Intensität erreicht Kling in der Darstellung von Gewaltzusammenhängen und Kriegen, wenn er von Vergänglichkeit und Tod schreibt. In dem Zyklus «di zerstörtn. ein gesang» ertönt der Erste Weltkrieg als dunkel hallende Musik; in seinem letzten Buch, «Auswertung der Flugdaten», beschreibt er die Behandlungen an seinem krebskranken Körper mit dem Vokabular des Bergbaus: Loren fahren in die Brusthöhle ein.

Der Dramatiker *Heiner Müller* (1929–1995) hat immer auch Gedichte geschrieben, die aber seit dem Umbruch von 1989 eine neue Qualität gewinnen. Sie bilden den wichtigsten lyrischen Begleittext zum Epochenumbruch in Europa, zum Ende des Sozialismus und des geschichtsphilosophischen Denkens. Dieses Denken konnte zwar schon länger keine positiven Utopien mehr formulieren, wusste aber immerhin noch, dass das westliche Gesellschaftsmodell fundamental falsch war und konnte deshalb der DDR bei aller Kritik an ihrer konkreten Erscheinung doch die Treue halten. Dass Müller sich nach 1989 der Lyrik zuwendet, ist kein Zufall: Von den Forderungen einer kollektiven Identität entlastet, aber auch ohne ihre Sicherheiten, muss sich das Ich neu orientieren.

So zum Beispiel in einem Dialog mit dem Althistoriker Theodor Mommsen (1817–1903), der von der Frage ausgeht, «warum der große Geschichtsschreiber / Den vierten Band seiner Römischen Geschichte / Den lang erwarteten über die Kaiserzeit / Nicht geschrieben hat». In einem großen Rede- und Gedankenstrom, der über syntaktische Grenzen hinweggeht, auch inhaltlich vieles mitzieht und mitreißt, wird die Geschichte Roms zur eigenen Gegenwart in Beziehung gesetzt. Gefragt wird: «Warum / Zerbricht ein Weltreich», erklärt wird, dass das erste Jahrzehnt der Herrschaft Neros eine glückliche Zeit war, beklagt wird, dass die Gespenster nicht schlafen: «Ihre bevorzugte Nahrung sind unsere Träume». Die prosanahe Rede ist mit rhythmisierten Einheiten durchsetzt, manchmal in Form von überraschenden Sentenzen: «Wer mit dem Meißel schreibt / Hat keine Handschrift.» Die Quintessenz besteht darin, dass Mommsens Schreibhemmung angesichts der Kaiserzeit mit den Schwierigkeiten Müllers verglichen wird, der nicht weiß, warum er sich im kapitalistisch gewordenen Europa noch artikulieren soll: «Und die klaffende Lücke in Ihrem Geschichtswerk / War ein Schmerz in meinem wie lange noch atmenden Körper.»

Heiner Müller hat *Durs Grünbein* (*1962) gefördert und in seinen Anfängen begleitet. Grünbein begann mit schönen elegischen Alltagsbildern («Grauzone morgens», 1988), arbeitete an einer Verbindung von Poesie und naturwissenschaftlichem

Denken («Schädelbasislektion», 1991), eignete sich zuletzt die Antike an, in deren Formen und Figuren er die Gegenwart spiegelt. So schießen Heutiges und Vergangenes zusammen, und Grünbein hat damit der deutschen Lyrik weite Räume eröffnet. Immer wieder findet man bei ihm Zustände einer großen Gelöstheit: «Gleich nach dem Vögeln ist Liebe der bessere Stil.» Es gibt Tiergedichte, in denen sich eine große Nähe zum Kreatürlichen äußert, etwa zu einem Igel, der im «Mondflutlicht heimisch» ist. Und es gibt den ironischen Blick auf eine nervöse Gesellschaft und ihre Rituale, auch das in einem Wechsel aus Alternationen und Doppelsenkungen, aus Stauung und Fluss:

> Leute mit besseren Nerven als jedes Tier, flüchtiger, unbewußter
> Waren sie's endlich gewohnt, den Tag zu zerlegen. Die Pizza
> Aus Stunden aßen sie häppchenweise, meist kühl, und nebenbei
> Hörten sie plappernd CDs oder fönten das Meerschwein,
> Schrieben noch Briefe und gingen am Bildschirm auf Virusjagd.

Am Ende dieser kurzen Geschichte der deutschen Lyrik stehen drei Autoren einer älteren Generation, die bis in die unmittelbare Gegenwart hinein die Gedichtsprache mit neuen Impulsen versorgen. Zuerst *Hans Magnus Enzensberger* (*1929): Er setzte in den späten fünfziger Jahren mit einem neo-expressionistischen Furor ein, attackierte die Gesellschaft des Wirtschaftswunders. Der konzentrierte Einsatz von Anaphern und syntaktischen Parallelismen brachte ein Stakkato hervor und traf ein verbreitetes Unbehagen:

> Was habe ich hier? und was habe ich hier zu suchen,
> in dieser Schlachtschüssel, diesem Schlaraffenland,
> wo es aufwärts geht, aber nicht vorwärts,
> wo der Überdruß ins bestickte Hungertuch beißt,
> wo in den Delikateßgeschäften die Armut, kreidebleich,
> mit erstickter Stimme aus dem Schlagrahm röchelt und ruft:
> es geht aufwärts!
> wo eine Gewinnspanne weit von den armen Reichen die reichen Armen
> vor Begeisterung ihre Kinostühle zerschmettern.

Allerdings heißt es schon am Ende dieses Gedichtes «Landessprache», dass das «Frankfurter Allgemeine Geröchel» doch dem «Geröchel im *Neuen Deutschland*», dem Zentralorgan der SED, vorzuziehen sei.

Enzensberger analysierte in den folgenden Jahren wie kein zweiter Autor die Gesellschaft der Bundesrepublik. Dabei fand er, dass es hier einerseits zwar etwas langweilig zugehe, und verfasste einen «Middle Class Blues». Andererseits zeigt er sich fasziniert von dieser Ordnung ohne Zentrum, von der parallelen Existenz verschiedener Lebensformen und Sprachspiele. Er erkannte, dass auch Intellektuelle nur im Besitz von begrenzten Einsichten sind. Er reiste durch die Welt und lüftete die Stube des deutschen Geistes, indem er amerikanische Lyriker wie William Carlos Williams übersetzte. Er verabreichte den Deutschen einige Portionen Rationalismus, zog ihnen den Zahn der immerwährenden Kulturkritik, und so kann man ihn als den Jürgen Habermas der deutschen Lyrik bezeichnen.

Seine Bücher seit dem Band «Blindenschrift» (1964) sind von der Helligkeit der Vernunft bestimmt, am Ende eines Gedichts über ein «Leuchtfeuer» steht: «Keine Lösungen, keine Erlösung». Wenn man seinem Werk folgt, lernt man die Mentalitätsgeschichte der letzten Jahrzehnte kennen. Er schrieb 1970, als seine intellektuellen Freunde noch an utopische Politikkonzepte glaubten, «über die Schwierigkeiten der Umerziehung». Gleichzeitig verfasste er eine «Hommage à Gödel», erläuterte in witzigen Bildern den Unvollständigkeitssatz des Logikers und verwies auf die Grenzen der Vernunfterkenntnis. Schließlich war er es auch, der in dem Band «Kiosk» (1995) die Wiederkehr der Religion in den intellektuell-ästhetischen Diskurs vorbereitete: «Als ich aufsah von meinem leeren Blatt, / stand der Engel im Zimmer.»

Mit seiner Beweglichkeit hat er sich nicht nur Freunde gemacht. Aber seit seiner Dissertation über Clemens Brentano wusste er, dass Wahrheit immer nur zu suchen, nicht zu besitzen ist. Zudem ist sein Spott, zum Beispiel über eine «Dreiunddreißigjährige», die zur politisierten Generation gehört und das Abblättern der großen Hoffnungen bemerkt, genau, aber nicht verletzend: «Wenn sie weint, sieht sie aus wie neunzehn.» Wie die Maler der Renaissance und der frühen Neuzeit, die er schätzt, findet er die großen Geschichten in der eigenen Umgebung wieder.

Der populärste Lyriker der Gegenwart war und ist *Robert Gernhardt* (1937–2006). Er ist einen höchst eigensinnigen Weg gegangen, wurde lange nicht wahrgenommen, von der Literaturkritik erst in seinen letzten Lebensjahren bemerkt und gefeiert. Während die Signale auf Ernst und Tiefe standen, schrieb er komische Gedichte; während die Negation aller bestehenden Formen verkündet wurde, studierte er die Vorgänger und übte sich in der Adaption und Fortführung lyrischer Stimmen; wo die historischen Umbrüche zu literarischen erklärt wurden, sah er Kontinuitäten und stellte folgende «Frage»:

Kann man nach zwei verlorenen Kriegen,
Nach blutigen Schlachten, schrecklichen Siegen,

Nach all dem Morden, all dem Vernichten,
Kann man nach diesen Zeiten noch dichten?

Die Antwort kann nur folgende sein:
Dreimal NEIN!

Ist das konservativ? Als Botschaft vielleicht – aber trickreich, subversiv und witzig. Das Gedicht lebt vom Gegensatz zwischen (gereimter) Form und Inhalt, und die Kontrastwirkung ist Gernhardts wichtigstes technisches Mittel. Berühmt ist sein Gedicht «Materialien zu einer Kritik der bekanntesten Gedichtform italienischen Ursprungs»: ein perfektes Sonett, das mit dem fünfhebigen Jambus «Sonette find ich so was von beschissen» beginnt.

Gernhardts Thema ist der Mensch in seiner kreatürlichen Grundausstattung. Immer wieder spricht er von der Liebe und meint damit zunächst einmal das körperliche Verlangen: «Du siehst diese scharfe Frau, / sie geht über diesen Platz» – es war nicht zu erwarten, dass ein Gedicht in deutscher Sprache einmal so beginnen würde («In Mantua»). Bei aller Vorliebe für anthropologisch harte Fakten ist er gleichwohl nicht geschichtsblind und hat den kulturellen Wandel im Blick, der neue Phänomene hervorbringt. Die Auflösung tradierter Geschlechterrollen erhöht die Eigenaktivität der Frauen, und so sieht man abends in den Städten «Mädchen, die zum Vögeln gehen».

Wer den Blick auf den Körper richtet, sieht aber auch Schwäche, Verfall und Tod. Auch sie werden in alltagsnaher, direkter, aber gleichzeitig liedhaft-rhythmisierter Form bedichtet. «Am Abend der ersten Extraktion» wird über den verschwundenen Zahn nachgedacht, am Ende heißt es: «Er ging voran, der Rest folgt nach: / Heut abend lag ich lange wach.» Da grüßt Barthold Heinrich Brockes aus dem frühen 18. Jahrhundert herüber. Eindrucksvoll in ihrer Schonungslosigkeit und rührend in ihrer Trauer sind die Gedichte, die Gernhardt auf den Tod seiner ersten Frau geschrieben hat («Weiche Ziele», dort der Zyklus «In Trauer»).

Auch seine eigenen Krankheiten, Operationen und Ängste hat er lyrisch protokolliert, den Tod mit Gedichten fernzuhalten versucht. In der letzten Sammlung «Später Spagat» findet sich das Gedicht «Rückblick, Einsicht, Ausblick», das mit dem Verspaar beginnt: «Durch die Landschaft meiner Niederlagen / gehe ich in meinen alten Tagen». Hier nimmt er von seiner geliebten italienischen Landschaft Abschied, und dies geschieht mit Gelassenheit und Bewunderung «für den Lichtstreif / der untergehenden Junisonne», die die «fernen gefalteten Berge» modelliert.

Ein spätes Gedicht *Peter Rühmkorfs* (*1929) beginnt mit der Strophe:

> Früher, als wir die großen Ströme noch mit eigenen Armen teilten,
> Ob, Lena, Jennissei, Missouri,
> Mississippi, Elbe, Oste,
> und mit Gesang den Hang raufzogen
> und mit Gesang auch wieder herab,
> immer den Augen hinterher und Hyperions leuchtenden Töchtern,
> des Tages Anbruchs Röte
> und des Mondes Aufzugs Beginn –
> Heute: drei Telefongespräche und der Tag ist gelaufen.

Darin sind zentrale Vorstellungen Rühmkorfs enthalten. Er ist Vitalist, feiert den Genuss der Natur. Seine Natur besteht aus Landschaft, Wasser, Licht und aus den Körpern schöner Frauen. In diesem Sinn sind die Töchter Hyperions, wie aus der griechischen Mythologie bekannt, Eos und Selene, die Göttin der Morgenröte und die Mondgöttin. Aber es sind gleichzeitig lockende Mädchen, denen die jungen Männer hinterherziehen.

Rühmkorfs Lebensfreude ist immer kulturgeschichtlich angereichert, er ist ein Kenner, Verwandler und Erneuerer. Ebenso ist seine Weltbejahung von Ironie durchzogen: Die am Anfang aufgezählten Flüsse werden immer kleiner, und wahrscheinlich haben die jungen Herren doch nur die Oste, einen sehr überschaubaren Nebenfluss der Elbe, durchquert. Wer sich so wie Rühmkorf auf die Schönheit konzentriert, nimmt auch ihre Temporalität schärfer wahr. Im weiteren Verlauf des Gedichts sind es nicht mehr Hyperions Töchter; es bleibt nur noch «irgendsoeine blindgeborene Mickymaus», die die Anlagen des alt geworden lyrischen Ich zu würdigen weiß.

Rühmkorfs Vergänglichkeitsbewusstsein richtet sich aber auch auf politische Hoffnungen, denen er als undogmatischer Sozialist einst anhing. Er schrieb Brecht fort und sang: «Bleib erschütterbar und widersteh». Aber er schrieb auch Benn fort und träumte von «einem Individuum / aus nichts als Worten». Damit trug er Widersprüche in sich, die systematisch nicht beseitigt, nur in der Lebenspraxis ausbalanciert werden konnten. Dem Lob des einzelnen Menschen in seiner Besonderheit gilt denn auch eins der schönsten Gedichte, «Auf was nur einmal ist»:

Manchmal fragt man sich: ist das das Leben?
Manchmal weiß man nicht: ist dies das Wesen?
Wenn du aufwachst, ist die Klappe zu.
Nichts eratmet, alles angelesen,
siehe, das bist du.

Und du denkst vielleicht: ich gehe unter,
bodenlos und fürchterlich –:
Einer aus dem großen Graupelhaufen,

nur um einen kleinen Flicken bunter,
siehe, das bin ich.

Aber dann, aufeinmalso, beim Schlendern,
lockert sich die Dichtung, bricht die Schale,
fliegen Funken zwischen Hut und Schuh:
Dieser ganz bestimmte Schlenker aus der Richtung,
dieser Stich ins Unnormale,
was nur einmal ist und auch nicht umzuändern:
siehe, das bist du.

Den Schluss dieser kleinen Geschichte der deutschen Lyrik bildet ein Gedicht, das Peter Rühmkorf geschrieben hat, das aber von Walther von der Vogelweide stammt. Es ist Walthers sogenannte «Elegie» (um 1227), übertragen ins Neuhochdeutsche. Sie zeigt, dass es neben allen historischen Veränderungen auch Gemeinsamkeiten über Jahrhunderte gibt. Die Lyrik stellt einen Kosmos dar, in dem Töne, Bilder und Ideen immer wieder aufgegriffen werden. Da wird ein Gespräch über die Zeiten hinweg geführt, da treffen sich Autoren, die weit entfernt voneinander gelebt haben:

Wohin sind sie geflogen alle meine Jahr?
War mein Leben gelogen oder ist es wahr?
Was ich einst wähnte, es wäre – gab es das überhaupt?
Oder hab ich geschlafen und einem Traum geglaubt?
Nun bin ich aufgewacht und ist mir unbekannt:
Was mir so vertraut war wie meine Hand.
Land und Leute, wo ich meine Kindheit verbracht,
sehen mich an, als hätt ich sie mir nur ausgedacht.
Die sich meine Freunde nannten, sind blöde, sind alt.
Plattgewalzte Felder – gerodeter Wald …
Wenn da nicht noch Wasser strömte, wo es immer floß,
wahrlich, mein Unglück schiene übergangslos.
Wieder ging einer vorüber, der wußte mal, wer ich war.
Die Welt ist allenthalben unberechenbar.
Manche schönen Tage gehen mir noch durch den Sinn
Wie ein Schlag ins Wasser sind sie dahin.

Immerdar oweh!

Literaturhinweise

Einen ersten Überblick über Autoren und Gedichte erhält man in Anthologien. Die bekannteste ist *Der Neue Conrady. Das große deutsche Gedichtbuch von den Anfängen bis zur Gegenwart*. Hg. von Karl Otto Conrady. 3. erweiterte und aktualisierte Neuausgabe. München 2003. Dieser Sammlung ist jetzt an die Seite getreten: *Reclams großes Buch der deutschen Gedichte. Vom Mittelalter bis ins 21. Jahrhundert*. Hg. von Heinrich Detering. Stuttgart 2007. Neben diesen historisch angelegten Anthologien gibt es auch solche, die Gedichte nach Themen, Situationen und Stimmungen ordnen und für den Alltagsgebrauch geeignet sind. Hier ist als Beispiel zu nennen: *Der ewige Brunnen. Ein Hausbuch deutscher Dichtung*. Hg. von Ludwig Reiners, aktualisiert und erweitert von Albert von Schirnding. München 2005.

Für eine gründlichere Beschäftigung benötigt man dann Gedichtsammlungen einzelner Autoren. Fast alle hier genannten sind in günstigen Taschenbuchausgaben greifbar. Erheblich mehr Gewinn erbringen Werkausgaben, gerade wenn sie verschiedene Fassungen einzelner Gedichte enthalten und mit Erläuterungen und einem Kommentar versehen sind. Ein glänzendes Beispiel sind die von Karl Eibl herausgegebenen zwei Bände: Johann Wolfgang Goethe: *Gedichte. 1756–1799* und *Gedichte. 1800–1832*. Frankfurt am Main 1988. Sie sind Teil der Goethe-Ausgabe des Deutschen Klassiker Verlages, der auch andere Autoren vorzüglich ediert hat. Einblick in den Arbeitsprozess eines Autors geben anschaulich Ausgaben, die faksimilierte Handschriften abdrucken. Bekannt ist die *Frankfurter Ausgabe* der Werke Friedrich Hölderlins, herausgegeben von Dietrich E. Sattler. Frankfurt am Main 1975 ff.

Die beste und am meisten gebrauchte Einführung in das Handwerk der Beschreibung und Deutung von Gedichten bietet Dieter Burdorf: *Einführung in die Gedichtanalyse*. 2. Aufl. Stuttgart 1997. Dort wird die Lyrikanalyse systematisch erklärt, viele der hier verwendeten Begriffe werden dort ausführlich erläutert. Das Teilgebiet der Metrik ist besonders reichhaltig dargestellt von Christian Wagenknecht: *Deutsche Metrik. Eine historische Einführung*. 5. Aufl. München 2007.

Schwieriger stellt sich das Feld der Lyrikgeschichte dar. Das imposanteste jüngere Unternehmen ist das Werk von Hans-Georg Kemper: *Deutsche Lyrik der frühen Neuzeit*. Tübingen 1987–2006, das in sechs Bänden und mehreren Teilbänden das Zeitalter von der Reformation bis zum Sturm und Drang umfasst. Kemper hat auch einen Teil in der umfangreichen einbändigen *Geschichte der deutschen Lyrik*. Stuttgart 2004 verfasst, die neben ihm von Franz Josef Holznagel, Hermann Korte, Mathias Mayer, Ralf Schnell und Bernhard Sorg stammt. Eine erprobte und bewährte Darstellung ist von Walter Hinderer herausgegeben: *Geschichte der deutschen Lyrik. Vom Mittelalter bis zur Gegenwart.* 22 Beiträge. 2. Aufl., Würzburg 2001. Bekannt ist auch Gerhard Kaisers *Geschichte der deutschen Lyrik von Goethe bis zur Gegenwart. Ein Grundriss in Interpretationen.* 3 Bde. Frankfurt am Main 1999. Sehr hilfreiche und präzise Einzelanalysen finden sich in der Reclam-Sammlung *Gedichte und Interpretationen.* 7 Bde. Stuttgart 1998.

Schließlich ist auf ein Feld hinzuweisen, das in der vorliegenden Darstellung nur wenig berücksichtigt werden konnte: *Lyriktheorie. Texte vom Barock bis zur Gegenwart.* Hg. von Ludwig Völker. Stuttgart 1990. Diese kenntnisreich edierte Sammlung dokumentiert das Nachdenken über die Aufgaben und Leistungen der Lyrik.

Wer neben allem Studium den spielerisch-heiteren Umgang mit Gedichten pflegen möchte, ist am besten bedient mit dem Buch: *Das Wasserzeichen der Poesie oder Die Kunst und das Vergnügen, Gedichte zu lesen.* Hg. von Andreas Thalmayr (das ist: Hans Magnus Enzenberger). Frankfurt am Main 2001.

Personenregister

Aus dem Verlagsprogramm

Literatur in der Reihe C.H.Beck Wissen

Gerhard Schulz
Romantik
Geschichte und Begriff
3. Auflage. 2008
144 Seiten. Paperback
(C. H. Beck Wissen in der Beck'schen Reihe Band 2053)

Gerhard Schulz/Sabine Doering
Klassik
Geschichte und Begriff
2003. 126 Seiten. Paperback
(C. H. Beck Wissen in der Beck'schen Reihe Band 2329)

Hans-Dieter Gelfert
Shakespeare
2000. 128 Seiten mit einer Abbildung. Paperback
(C. H. Beck Wissen in der Beck'schen Reihe Band 2055)

Peter-André Alt
Friedrich Schiller
2004. 128 Seiten. Paperback
(C. H. Beck Wissen in der Beck'schen Reihe Band 2357)

Dorothea Hölscher-Lohmeyer
Johann Wolfgang Goethe
3., durchgesehene Auflage. 2007
144 Seiten. Paperback
(C. H. Beck Wissen in der Beck'schen Reihe Band 2127)

Otfrid Ehrismann
Das Nibelungenlied
2005. 128 Seiten. Paperback
(C. H. Beck Wissen in der Beck'schen Reihe Band 2372)

Kunst in der Reihe C.H.Beck Wissen

Götz Adriani

Paul Cézanne

2006. 128 Seiten mit 24 Abbildungen,
davon 17 in Farbe. Paperback
(C. H. Beck Wissen in der Beck'schen Reihe Band 2506)

Uwe M. Schneede

Vincent van Gogh

2003. 128 Seiten mit 19 Abbildungen, davon 11 in Farbe. Paperback
(C. H. Beck Wissen in der Beck'schen Reihe Band 2310)

Christian Rümelin

Paul Klee

2004. 128 Seiten mit 22 Abbildungen, davon 15 in Farbe. Paperback
(C. H. Beck Wissen in der Beck'schen Reihe Band 2500)

Werner Busch

Adolph Menzel

2004. 128 Seiten mit 24 Abbildungen,
davon 10 in Farbe. Paperback
(C. H. Beck Wissen in der Beck'schen Reihe Band 2501)

Felix Thürlemann

Rogier van der Weyden

2006. 127 Seiten mit 28 Abbildungen,
davon 10 in Farbe. Paperback
(C. H. Beck Wissen in der Beck'schen Reihe Band 2502)

Wilhelm Schlink

Tizian

2008. Etwa 128 Seiten mit 37 Abbildungen,
davon 16 in Farbe. Paperback
(C. H. Beck Wissen in der Beck'schen Reihe Band 2508)

C.H.BECK WISSEN

in der Beck'schen Reihe

Zuletzt erschienen: